明治キワモノ歌舞伎

五代目尾上菊五郎の時代

矢内賢二

『尾上菊五郎（白浪五人若衆）』（明治16年刊）国立国会図書館デジタルコレクションより

目次

明治キワモノ歌舞伎

五代目尾上菊五郎の時代

引用にあたって、旧字体や異体字は新字体に、旧仮名遣いは新仮名遣いに適宜改めた。また、適宜ふりがなを取捨・付与し、句読点と〈　〉による筆者注を付した。なお、掲載写真のうち特に出典を示さないものは安部豊編『五世尾上菊五郎』からの転載である。

はじめに
——人悦《ひとよろこ》ばせの菊五郎

菊五郎襲名披露の錦絵（日本芸術文化振興会蔵）

五代目尾上《おのえ》菊五郎の人生は、若太夫《わかたゆう》市村九郎右衛門《くろえもん》として始まる。

江戸には町奉行に歌舞伎の興行を許可された劇場が三軒だけあった。中村座、市村座、森田座。これを称して江戸三座という。各座の興行権を有する者、つまり代表者にして総責任者を太夫元《たゆうもと》といい、その御曹子《おんぞうし》を若太夫という。

父は市村座の太夫元十二代目市村羽左衛門《うざえもん》、母は名優三代目尾上菊五郎の娘。まずは役者として申し分のない家柄に生まれ育った。

ある日床山が九郎右衛門の髪を結っていた。子供相手にちょっと手を抜いてみたのだろう、結い上げてしまってからマゲをちょいと持つと、たちまち元結《もっとい》が外れてマゲが崩れ、サンバラ髪になってしまった。カンシャクを起こした九郎右衛門は、皆が止めるのも聞かずにそのままの頭で家に帰ってしまう。さあ若太夫が怒った、散らし髪で家へ帰ったというので大騒ぎになり、大の大人の床山一同が、ずらり並んで頭を下げに駆けつけた。

八歳のときに父親から太夫元を譲り受け、十三代目市村羽左衛門という由緒ある、しかし子供にはいささか大仰《おおぎょう》な名を名乗った。今なら小学二年生だ。そんな子供に太夫元を譲り渡したのには借金逃れの意味もあった。芝居の興行は博打《ばくち》と同じで、当たれば大きいが、はずれれば一夜にして一文無しになる。どこの座でも資金繰りには汲々としたものだったが、たとえ名目だけでも興行権者が交代すれば、それまでの負債がひとまず棚上げになった。当時家督相続は十五歳以上に限るというきまりがあったので、八歳の子を表向き十五歳ということにして無理やりお届けを済ませた。

節句《せっく》と盆正月には、各座の太夫元が町奉行をはじめ役人たちに挨拶回りをする。羽左衛門の初めての挨拶回りは、寒さの残る三月頃だったそうだ。駕籠《かご》の中には手あぶりという小型の火鉢が置いてあった。紋付き羽織袴《はおりはかま》の羽左衛門少年が何気なくその上に手をかざしていると、付添人の藤助《とうすけ》という男が駕籠の戸からニュッと手を差し入れてきた。少年の目の前にある手あぶりにツイと煙管《きせる》を入れて煙草に火をつけようとしたのだが、これが癪《しゃく》にさわった。いきなりその手首をつかんで「オイ藤助、親父《おとっ》さんでもこんなことをするのか」。子供だと思ってナメるなよ。なりは小さくっても太夫元だぜ。

藤助も泡を食って「ヘイ誠に相済《あいす》みません」と謝ったが、子供とはいえ太夫元に無礼をはたらいたのには違いない。このままグズグズしていればクビになると心配した周りの者が、藤助を早々に家に帰してしまった。

挨拶回りを終えて羽左衛門が帰宅すると、今は市村竹之丞《たけのじょう》と名を変えた父親が「今日は御苦労でした」とちゃんと手を突いて出迎える。やがて市村座の重役連中がやって来て藤助の一件を丁重にとりなしたが、結局藤助は三日間の出入り差し止め、つまり謹慎処分とあいなった。

生意気なガキだ、なぞとゆめゆめ思ってはならない。芝居《しばい》国《こく》・戯場国《けじょうこく》と呼ばれたように、歌舞伎の世界は一つの独立国だった。この領土内では太夫元にそれだけの権威があった。江戸では三座の歴史は歌舞伎そのものの歴史でもある。市村座の起源は寛永十一年（一六三四）にさかのぼり、羽左衛門はその太夫元代々の名前だ。少年は生まれながらにして江戸歌舞伎の一角を支える柱となることを義務づけられていた。ともすれば自分を子供扱いする大人に対して、いちいち大袈裟に怒ってみせたのも無理はない。強烈な自尊心を杖《つえ》にしなければ、とてもその小さな体を支えることなどできなかっただろう。

ただし父親は太夫元の地位にはこだわっていなかったようだ。殿様型の鷹揚《おうよう》な人柄だったというから、きっと一座の経営で気を揉《も》むのにこりごりしたのだろう。常々息子に「お前は十五になったら太夫元をやめてヒラの役者になれ、私は隠居して上方へ行くから」と言っていた。しかし羽左衛門の名前を譲ってしまうと、ホッとしたようにすぐその年に死んでしまった。羽左衛門が十七歳の時に母親も死んだ。この世界で後ろ盾がないほど辛いことはないが、のちに菊五郎は「親たちが早く亡くなったために、人に頭を下げて子供のうちから物を教えてもらう、それがかえって身の薬になったかと思っております」と殊勝なことを言っている。

いい例が『菅原伝授手習鑑《すがわらでんじゅてならいかがみ》』の通称「賀《が》の祝《いわい》」という芝居だ。羽左衛門演じる桜丸《さくらまる》は菅《かん》丞相《しょうじょう》（菅原道真）に恩義のある若い舎人《とねり》だが、自分の軽率な行為から丞相の失脚を招いてしまう。すでに切腹を決意している桜丸の様子を不審に思い、桜にちなんだ八重という名の若妻が「訳を聞かして」とすがりつく。八重を演じたのは、後に脱疽《だっそ》で手足を失い壮絶な姿となる三代目澤村田之助《たのすけ》である。浄瑠璃の文句は「聞きたがるこそ道理なれ」。「聞きたがるこそ、ド、ウ、リ」で三段階に体を引き、三味線のチリレンに合わせてトンと刀を下に突く。「なあーれ」で憂いを込めてうつむいてみせる。

ここが一番見せどころと、若い役者二人が目一杯派手に熱演した。場内は橘屋《たちばなや》、紀伊国《きのくに》屋《や》の掛け声で沸きかえる。と、横手から「ざまァ見やがれ」という罵声が聞こえた。今日《こんにち》の「いい気味だ」という意味ではない。「あーあ、あのざまを見ろ、みっともねえ」という意味の「ざまァ見やがれ」である。声の主はなんと桜丸の父親白太夫《しらたゆう》を演じていた坂東亀蔵《かめぞう》だ。「下手くそめ、お父《とっ》さんの位牌に済まねえぞ」。ホコ先が自分に向いていると知れたらカーッと舞い上がった。ともかくもなんとか最後まで演じ終えて、恐る恐る亀蔵の楽屋に顔を出したら頭からポンポン小言を食らったが、若い二人には何が悪かったのかピンとこない。後で助け舟を出したのが市川團蔵《だんぞう》で、「踊りゃァがった」という亀蔵の言葉を伝えてやった。よしよし、今夜俺の所へ稽古に来い。

言われたとおりに團蔵の家に行くと、燗酒をチビチビやりながら浄瑠璃の講釈が延々と続いた。そもそも桜丸というのはコレコレこういう人だ。こういう事件があって、こういう訳でお父っつぁんの家へ来ていて、これから腹を切ろうというところだから、どうしたって様子が普通でない。八重にしてみれば一体どうしたことかと夫が心配でたまらない、その苦しい胸の内を聞かせるのが「聞きたがるこそ道理なれ」だ。それをお前たちのように三味線にのって機嫌よく動き回ってみろ。まるで踊りを踊っているようになるのだ。そうそう、そういえばお前のお父っつぁんの「加茂堤《かもづつみ》」なぞは実にうまいものだった。

とうとう肝心の演技指導は何ひとつしてくれないまま、真夜中に身柄を解放された。しかたがないから田之助の家へ行き、夜明けまで二人でああでもないこうでもないと「ド、ウ、リ、チリレン」の稽古をした。翌日「賀の祝」が終わって亀蔵の楽屋に行くと、ニヤリと笑って「ゆうべ三河屋〈團蔵〉のところへ行って御談義を聞いてきたのだろう。三河屋のおじさんに礼を言うがいい」。

役者の語るエピソードには多少とも尾ヒレが付くものだが、似たようなことはザラにあったはずだ。「皿屋敷」の芝居でお菊をつとめ、師匠格の市川小團次《こだんじ》に毎日毎日皮肉な小言を食らったときには、共演の米十郎《よねじゅうろう》と二人で「小團次を殺して大坂へ逃げよう」と真剣に相談した。ひと癖もふた癖もある先輩たちが、もってまわったやり方で若手役者を鍛え上げる。当人のためになるかどうかは、ひとえに当人の姿勢にかかっている。

劇通の川尻宝岑《かわじりほうしん》が子役時代の菊五郎を評している。「おっとりとして、決して仕過ぎる〈過剰な演技をする〉ようなことはなく、どちらかといえばおっとりとしている方でありました」。うまいヘタで言えば、同年代の田之助の方がずっと上手だった。しかし自分の芸を育てるにあたって、迷いは少しもなかった。「旦那旦那と言われまして、下手とも上手とも言われなかった代わりに、芸は少しもたるまず、ここまで参ったのばかりは、寺島〈菊五郎の本姓〉の独特でありましょう」。育ちの良さ、というべきか。まっすぐに伸びた芸には、技巧でマネのできないたっぷりとした余裕と明るさがある。

菊五郎の人となりを伝えるまとまった本としては、まず時事新報記者の伊坂梅雪《いさかばいせつ》が聞き書きした『尾上菊五郎自伝』があり、次いで硯友社の山岸荷葉《やまぎしかよう》の編に成る『五世尾上菊五郎』

がある。いずれも明治三十六年三月、菊五郎の死去をうけて出版されたものだ。役者の伝記として、また当時の劇界の雰囲気を伝える資料としていずれも大変に面白いが、私にとって最も印象深い菊五郎の姿は、岡本綺堂の『明治劇談　ランプの下にて』に出てくる。

明治十八年二月の千歳座《ちとせざ》、菊五郎は『碁盤忠信《ごばんただのぶ》』に源義経で出る予定だったが、都合で弟の坂東家橘《かきつ》が代役をつとめていた。ある日、九代目市川團十郎のブレーンとして歴史考証などに協力していた「求古会《きゅうこかい》」の会員たちが、菊五郎の楽屋にも顔を出した。父の純《きよし》がその会員だったため、少年時代の綺堂もお尻にくっついて楽屋に入って行った。

わたしは面長で、色の白い、年の割には頭の薄く禿げかかっている、四十歳ぐらいの俳優の顔を初めて見た。團十郎の口の重いのに引きかえて、彼は極めて流暢な江戸弁でそれからそれへと休みなしに話しつづけた。その愛嬌に富んだ眼を絶えず働かせているのも、わたしの注意をひいた。そのなかでわたしの記憶に残っているのは、求古会のある人が彼にむかって、今度の代り役の義経は本役よりも評判が好いようだと言うと、菊五郎は急に真面目になって、「ほんとうですかえ、本当ですかえ。」と念を押した上に、晴れやかな笑顔をみせながら、こんなことを言った。「そりゃあ有難いことです。わたくしは下手でも上手でも、まあまあこれで押して行かれますが、弟はこれから皆さんのお引立てを願わなければならない体ですから、評判が好いのは何よりです。まったく兄貴より巧うござんすかえ。そりゃあ有難い、有難うございます。」

彼はにこにこしながら幾たびか頭を下げた。かれは本心からそう考えたのか、あるいは如才ない人間でそう言ったのか。もしその代り役が自分の弟の家橘でなかったならば、彼はなんと言ったか。それはもちろん想像の限りでない。求古会の人たちは楽屋を出てから、「音羽屋は相変わらず如才がない。」と言っていた。

綺堂の言うように、お歴々のセンセイがたとの会話だから、どこまでが本心かはわからない。しかし菊五郎の人をそらさない明るさと調子の良さが見事に活写されている。くるくると動く眼が、その場にいる人々のわずかな表情の変化を察知する。早口の江戸弁と絶妙の相《あい》槌《づち》で、小気味よい会話のリズムを作り出していく。その恐らく少し甲高《かんだか》い、かすれ気味のノイズを含んだ声までが聞こえてくるようだ。都会人特有の卓抜したコミュニケーション技術で、人と人との間を軽やかに走り抜けて行く。そんな菊五郎を表現するのにぴったりのフレーズが『歌舞伎新報』(以下『新報』、第九〇八号、明二一・六)に載っている。「素走《すばし》ッこい人悦《ひとよろこ》ばせの菊五郎」。

いかにも江戸っ子らしい腰の軽さと好奇心、そしてなにより愛嬌に富んだ人だった。五代目尾上菊五郎(天保十五年［一八四四］―明治三十六年［一九〇三］)。九代目團十郎とともに「團菊」と並び称される。明治時代を代表する、というよりも日本演劇史に燦然《さんぜん》と輝く歴史的名優だ。歌舞伎ファンには「今の八代目菊五郎や勘九郎のお祖父《じい》さんのお祖父さんです」といった方が話が早いかもしれない。

幕末も押し詰まった文久二年（一八六二）、十八歳で『弁天小僧』を初演して大当たりをとり、元号が明治に改まるのと同時に菊五郎の名前を襲名した。つまり五代目菊五郎としては文字どおり明治とともに年を重ねたことになる。『忠臣蔵』なら勘平《かんぺい》、判官《はんがん》、『千本桜』の忠信、権太《ごんた》。『伊勢音頭』の福岡貢《ふくおかみつぎ》に、『弁天小僧』『髪結新三《かみゆいしんざ》』『御所五郎蔵《ごしょのごろぞう》』『直侍《なおざむらい》』。時代物、世話物、舞踊と、なんでもこいの腕達者。クッキリと明るい芸風で、演技の呼吸、間のよさときたら天下一品だった。一方では役の性根《しょうね》に基づいた緻密で合理的な演技術を考案し、現在演じられている歌舞伎のお手本を作った一人でもある。とりわけ狂言作者の河竹黙《かわたけもく》阿弥《あみ》と組んで世に送り出した世話物の数々、また『茨木《いばらき》』『土蜘《つちぐも》』『戻橋《もどりばし》』などの舞踊劇は、今の歌舞伎になくてはならないレパートリーになっている。かたや團十郎が重厚な歴史劇の「活歴《かつれき》」に熱中して、渋く抑えた心理表現や厳密な考証にこだわったのに対し、菊五郎はいかにも軽快で粋でざっくばらんで華やかな、江戸前の世話物に本領を発揮した——というところが芸能史における一般的見解だが、大事なことが忘れられている。

新しい話題、ハイカラなものには目がなく、時折それを舞台に持ち込んでは観客の目を白黒させる。菊五郎は「キワモノ王」でもあった。

当時の歌舞伎では毎興行のように新作書き下ろし作品が上演された。つまり歌舞伎は「伝統芸能」ではなく、ほとんど唯一存在する「現代演劇」だったわけだ。劇場間ではシビアな客の奪い合いが演じられ、興行師も狂言作者も観客の気を惹《ひ》くのに躍起になった。手っ取り早く注目を浴びるには、巷で話題のニュースや流行の風物をふんだんに盛り込んで、人気の役者に演じさせることだ。明治の新時代のこととて、世間を騒がせる事件や珍奇な新風俗には事欠かない。こうして同時代の、皆の好奇心の的になるような題材をタネにしてできあった演目を、キワモノと呼ぶ。

キワモノという言葉は、いまではゲテモノと紙一重だ。聞き手のかすかな嘲笑を期待しつつ、もっぱらネガティヴな意味で用いられる。「キワモノ芸人」と聞けば、そのあざとさがたちどころに想像できるというものだ。その場その時限りのウケを狙った下品なもの。みんなが飽きたらそれまでのこと、一夜にして人の口の端《は》から消え失せる。しかし時が過ぎてみると、誰もの記憶のどこかに小さなトゲのようにひっかかっている。話のうちに誰かがひょいと思い出しては、「ああ、あったあった」と盛り上がる。舌の上に毒々しい色と味がいつまでも残る駄菓子のようなものだ。

しかしキワモノは、少なくとも日本芸能史においては由緒正しいテクニカル・タームの一つである。漢字で書くと「際物」。際は間際・瀬戸際の「際」だ。何か特定の時節・出来事にのぞんで、それをきっかけとして、時間的に隣接して、というような意味である。だから年末に売り出される注連《しめ》飾りや門松などのように、特定のイベントの直前の、ごく短い期間だけ価値をもつ商品のこともキワモノと呼ぶ。

芸能史でいうキワモノとは、実際に起こった事件や流行の風俗を脚色して、同時代の観客の歓心を買うべく上演された作品をいう。近松門左衛門の『曽根崎心中《そねざきしんじゅう》』をはじめとする世《せ》話浄瑠璃《わじょうるり》の数々はその代表だ。派手な心中事件の裏にあるもつれた事情を舞台で演じてみせ、観客たちはヒソヒソと噂話を交換しあった。週刊誌もワイドショーもない時代のことだ。噂の的をそっくり舞台で再現してみせるのだから、キワモノは当然報道メディアとしての役割も担った。たとえ虚実取り混ぜた怪しげなものだったにせよ、人々の好奇心や知的欲求を満たすにはなによりのメディアだった。その「虚実取り混ぜ」の塩梅《あんばい》が作者の腕の見せどころでもある。事実というちっぽけな種から、あっと驚くようなウソの花を咲かせる。

特に歌舞伎は人々にとって最もスケールの大きいエンターテインメントだったから、キワモノが次から次へと生み出された。とりわけ新旧和洋の文化が入り乱れた明治期には、目の前を飛び交うモノや出来事を片っ端から放り込んだような作品が生まれた。登場するのは例えば懐中時計、山高帽子、コウモリ傘といった最新のモード。書生、人力車夫、代言人《だいげんにん》（弁護士）といった新しい職業。ガス灯、写真、汽車などの最先端テクノロジー。殺人事件、戦争、サーカス、火山の噴火。とにかく人目を惹くものなら何でも舞台に乗っけてしまう。

どうやら当時の歌舞伎の舞台は、今日の伝統芸能・歌舞伎の姿からは想像もつかない奇抜なものだったらしい。そうでなくては客が飛びつかない。文化遺産などとはとんでもない、歌舞伎はいわば見世物の親玉だった。その中でもキワモノは、まさに花形のだしものとして時代の栄光を担った。

そして菊五郎は、嬉々としてキワモノを演じ続けた。六二連『俳優評判記』初編に載っている「役者文明開化総目録」という企画では、当時の役者たちを最新のアイテムになぞらえ、謎かけ風の寸評を添えている。菊五郎とかけて「電信」ととく。そのこころは、「流行《はやり》物はいつでも早い」。最新の話題をいち早く取り上げては人々に広めるニューメディアといったところだ。「日本一の器用役者、〈興行の〉変り目毎に新案物《くふうもの》にて見物を嬉しがらせる人気取、音羽屋《てらじま》の当世男《とうせいおとこ》」(『新報』第八五二号、明二〇・一二)というのが歌舞伎ファンの共通認識だった。

しかもエラい役者にもかかわらず、勿体《もったい》をつけてエラぶらないところがエラい。今なら芸術院会員にして人間国宝といったところの菊五郎が、ある時はヒゲモジャのイギリス人曲芸師に扮して気球で宙乗りをし、カタコトの英語で演説をした。またある時は陸軍兵士の軍服を着こみ、本物の軍人そこのけの、しびれるようにカッコいい敬礼をしてみせた。そんな菊五郎に明治の観客は、時には「やり過ぎだよ」と苦笑しながらも、「音羽屋《おとわ》は今度は何をやるだろう」と期待に胸をふくらませ、いそいそと劇場に足を運んでは喝采を送った。

だが、キワモノはキワモノであるがゆえにあっという間に見捨てられた。青臭い合理主義偏重の波が芸能の世界にも押し寄せ、キワモノ歌舞伎は芸術的価値のない低級下劣なものとして忘れ去られていく。再演はおろか、物好きな研究者の話題になることさえほとんどない。悪口を言われるのならまだしも、文字通りハナも引っ掛けられない。

もちろん忘れ去られることはキワモノの宿命である。しかしわれわれのごく近いご先祖様が、一体どんなものを夢中になって見物したのか、少しばかり気になりはしまいか。残された資料をつなぎ合わせて見えてくるキワモノ歌舞伎の姿は、かつて歌舞伎という芸能がキッチュな見世物として時代と呼吸をともにしていた頃の姿を髣髴《ほうふつ》とさせる。息を呑んで舞台に見入る人々の熱い視線と、そこに充満する欲望とを如実に伝えてくれる。明治という古今東西の文化が入り乱れた時代の人々が、何を感じ何を見たがったかを、他のどんな資料よりも生々しく示してくれる。

つまりはこういうことだ。

菊五郎の演じたキワモノの数々は、明治という奇妙な時代をそっくりそのまま切り取って、舞台の上に映し出した。ならば菊五郎の残したキワモノ歌舞伎を追いかけてみれば、当時の人々の高揚や当惑や不安や哀愁が、多少なりとも知れるというものだろう。まずは捨てられた断片を拾い集めて、キワモノ歌舞伎の姿を再構築してみることから始めよう。近代という得体の知れぬ時代に皆が片足を突っ込んだ、その瞬間のざわめきやにおいを感じることができればしめたものだ。政治史や法制史の資料からは、おそらく立ち昇ってこない種類のざわめきやにおいを。

先導役はわれらの菊五郎だ。「素走《すばし》ッこい人悦《ひとよろこ》ばせ」が駆け抜けて行く。ふと気がつけば、これまで見たことのない彼の後ろ姿が、手の届きそうなところに見えている。

第一章　散切り頭と神経病

岩淵与七（『木間星箱根鹿笛』）

どれが女か男やら ――『富士額男女繁山《ふじびたいつくばのしげやま》』（明治十年）

明治も後半にさしかかると、天保《てんぽう》年間生まれの人が「天保老人」と呼ばれるようになった。言いだしっぺは徳富蘇峰《とくとみそほう》といわれる。例えば天保元年生まれの人が、明治二十年には五十七歳。まあ実年齢はさておいて、ここで問題だったのは価値観や感覚の相違である。天保老人という言葉には、明治の世に育った人たちと比べて、どうしようもなく古くさい「江戸時代」の人間だという揶揄、もしくは卑下の意味合いが込められている。「昭和ひとケタ」や「団塊の世代」のように、ひとつ前の世代を攻撃するためには気のきいたキャッチフレーズが必要なのだ。しかし今になってみると、天保老人とはなかなかしゃれた味わい深い肩書きであって、浮世離れした知恵者を気取るのに使ってみたいような気もする。

だいたい老人がいつも古臭くて保守的だとは限らない。むしろいつの時代も、老人は意外にハイカラ好きだ。特におばあさんは、おじいさんに比べると異文化への反応がうんと柔軟である。近い例が明治に生まれて大正・戦前に育った人たちだ。オムライスやビーフシチューを好んで食べ、讃美歌をいくつも諳《そら》んじているようなおばあさんがたくさんいた。ハイカラが堰を切ったようにどっと流れ込んだ明治時代なら、さらに輪をかけてハイカラな、いや当時の言い方なら「文明開化」に染まったおばあさんが現れても不思議ではない。

なにかにつけて今日で申すハイカラという意味が『文明開化』といわれていたように考えます。それからもう一つは芝居で祖母は芝居好きの一人、しかも音羽屋（五代目）贔屓で、その音羽屋の散髪《ざんぎり》ものがさらに好まれていました、いつも小一《こいち》〈最前列の席〉に納って見物していました。五代目が文明開化の芝居をするのは見逃さず、そのまた文明開化という台辞《せりふ》でもあると、翌日はこうだったああだったと話をして、「何しろ文明開化の世の中は芝居にしても面白いよ」といって陶酔していました。（『明治百話（下）』）

篠田鉱造《こうぞう》の『百話』シリーズは幕末・明治を生きた人々への貴重なインタビュー集だが、その話がいつ誰から聞き取られたかわからないのが玉に瑕《きず》だ。しかしざっと積もってみれば、この「祖母」は天保老人だった可能性が高い。ブンメイカイカという不思議な呪文、そしてそのきわめて具体的な姿を目の前で演じて見せてくれる菊五郎には、江戸時代に生まれ育ったおばあさんを陶酔させるだけの魅力があった。

『酒井の太鼓』として今も上演される『太鼓音智勇三略《たいこのおとちゆうのさんりやく》』が明治六年三月に初演されたとき、河原崎権之助（後の九代目團十郎）演じる鳥居四郎左衛門《とりいしろざえもん》と、菊五郎演じる鳴瀬東蔵《なるせとうぞう》のせりふにこんなやり取りがあった。

鳥居　かく文明の世の中に、
鳴瀬　開化を知らぬは、

両人　愚かでござった。

もちろん芝居の中身とはまったく時代が合わないせりふなのだが、観客はそんなことにお構いなくヤンヤの大喝采を送った。「いわゆる文明開化という言葉が、いかに流行したるかを察すべし」（『明治劇談　ランプの下にて』）である。

そのブンメイカイカを象徴するのが散切《ざんぎ》り頭だ。

半髪頭を叩いてみれば　因循姑息《いんじゅんこそく》の音がする
総髪頭を叩いてみれば　王政復古の音がする
散切り頭を叩いてみれば　文明開化の音がする

歌舞伎の衣裳風俗は江戸時代を基本としているから、登場人物は当然マゲを結っている。ところが明治になると、同時代の東京や横浜を舞台にした歌舞伎、つまり現代劇が書かれるようになった。こちらの登場人物は現実を反映してマゲを結っておらず、洋服を着ていたり汽車に乗ってやって来たりする。こういう、それこそ文明開化の時代背景や風俗をベースに書かれた作品を散切り物と呼ぶ。演劇の一ジャンルの総称に髪型をとって散切り物とはうまく名付けたものだ。その一言でいかにもハイカラな全体像が思い浮かぶ。後に演劇や映画の時代劇が「マゲモノ」と呼ばれるようになるところをみると、日本のエンターテインメントではマゲのあるなしが一大区分になるようだ。

散髪脱刀令（断髪令）は明治四年（一八七一）八月九日に布告された。ただしこれは断髪を命じたものではない。「マゲを結わなくてもよい」「髪型を自由にしてよろしい」というのが主旨であって、引き続きマゲを結っていても罰せられることはなかった。しかし明治六年三月に明治天皇が断髪したのをきっかけに、散切り頭が次第次第に広まった。石井研堂『明治事物起原』によると、東京市内の断髪者の割合は「明治八年頃は散髪二分五厘〈二割五分〉、十年頃は六分〈六割〉、十四年頃は八分〈八割〉、十六年頃は九分〈九割〉、二十一二年ころはまったく散髪のみ」になったという。県や村によってはマゲを切らぬ者に税金を課し、あるいはマゲを見つけ次第に巡査がハサミでちょん切って、文明開化の音を響かせるのに躍起になった。

菊五郎が散切り頭になったのは明治八年頃だった。團十郎と「二人一緒にマゲを切ろう」と言い合っていたのだが、團十郎の方は旅先でひと足先に切ってしまった。芝居のかつらをつけるのに、それまでは自分のマゲをほどいて下に巻き込んでいたから、同じようにしないとかつらがつけられないだろうと、前髪を剃った奇妙な長髪で東京に帰ってきた。一方の菊五郎は颯爽とした短髪にした。現在の歌舞伎や時代劇では、頭に羽二重《はぶたえ》を巻いて髪を押さえつけ、羽二重の上に青黛《せいたい》を塗って月代《さかやき》を表すが、歌舞伎役者がこのやり方をするようになったのは菊五郎あたりかららしい。その髪も壮年になってからは次第に薄くなり、菊五郎といえばハゲ頭ということに相場が決まった。白髪を気にして抜いていると、はたの者に「あまりいじるとなお光るよ」と冷やかされたが、すばしっこく舞台を駆け回る菊五郎にはキリリとしたハゲ頭が似つかわしい。

『半七捕物帳』の作者で怪談の大家としても知られる岡本綺堂は、劇評家でもあり、多くの新作を書いた歌舞伎の作者でもあった。しかし意外なほど散切り物には冷淡だ。

「翁〈河竹黙阿弥〉が明治年間における作物だけでも、脚色と創作とを合《あわ》して百八十余種にのぼると伝えられている。量に於ては殆《ほとん》ど天下無比と云ってよい。しかも舞台を明治に取ったものは殆どみな失敗であったように思われる」(「明治以後の黙阿弥翁」)

　続いて黙阿弥の代表的な散切り物を挙げて、「興行の当り不当りは別問題として、作としてはいずれも思わしからぬものであった」「なぜ黙阿弥翁は明治を舞台とした作物にことごとく失敗したか」とダメ押しがしてあり、失敗作として挙げられた中には『富士額男女繁山』『木間星箱根鹿笛《このまのほしはこねのしかぶえ》』『月梅薫朧夜《つきとうめかおるおぼろよ》』と、本書で取り上げる八作品のうち三つが含まれている。

　しかし私には、冒頭のおばあさんの陶酔ぶりの方が気になってしかたがない。彼女はきっとひと世代前の役者たちが演じる幕末の芝居もさんざん見てきたことだろうが、その目から見て菊五郎の散切り物はさほどに斬新で面白かった。芝居の翌日にはきまって家族に向かい「音羽屋が洋服を着て出てくるんだがまあその姿のよさといったら」「こうやって懐中時計を見ながらこんな台詞を言ったよ」と、感に堪えた面持ちで舞台の模様を披露した。このおばあさんがとりわけて特殊な嗜好をもった観客だったわけではないだろう。同じように、散切り物と聞けば足を運ばずにはいられないファンが他にもたくさんいたはずだ。それが証拠に、当時話題のヒット作となった散切り物は数多い。ことに菊五郎のはそうだ。綺堂は「興行の当り不当りは別問題として」と言うけれど、果たして当たったものをそう簡単に失敗と断定していいものだろうか。散切り物の客席に詰めかけた観客は皆、「ブンメイカイカ」が出て来さえすれば手放しで喜ぶ、単純で浅はかな人たちだっただろうか。スターの菊五郎がハイカラをやるというだけで無闇にありがたがる、物知らずな人々ばかりだったろうか。もしかしたら当時の観客は、何か今のわれわれがもっているアンテナとは微妙に違う周波数の信号のようなものを、菊五郎の舞台から受け取っていたのではなかったか？

もっとも、綺堂が格別に意地悪だったわけではない。後代の評論家や研究者の散切り物に対する評価もほとんど同じようなものだった。すなわち、散切り物はただ目新しい事物や風俗を見せて観客を一時的に喜ばせたに過ぎず、芸術的には取るに足りないものである。「要するに旧世話物へ明治の新事物や新用語をメッキしたに過ぎぬ」。「新社会の皮相に触れて、其の真髄に徹せざるものである」（伊原敏郎『明治演劇史』）。

とくれば、これはキワモノ全般に対して投げられてきた悪口ともぴったり重なり合う。

実際の事件や風物を即座に脚色・劇化した作品をキワモノと呼ぶ、と言った。なれば、明治の新しい文物・風俗・流行が盛り込まれた芝居、すなわち散切り物は、程度の差はあれすべてがキワモノ的であるといえるだろう。しかもこの『富士額男女繁山』は、男装の女が「異装御法度《いそうごはっと》」の法令により熊谷で逮捕された、という新聞記事をタネにしているから、まずキワモノと名乗って差し支えはあるまい。

男装、女装が発覚して新聞沙汰になったケースは他にもたくさんある。

例えば『大阪錦画《にしきえ》日々新聞紙』第二四号の記事。芝の将監橋《しょうげんばし》から身投げしようとしている男を巡査が助けたが、身元をただすとなんと甲州出身の女だった。人力車夫などの職を転々としながら、時次郎と名乗って七年を男として過ごしてきたという。特に悪事をはたらいたわけではないのだが、「女が男の姿となり男が女と身をやつすなど、外に悪いことがのうてもお巡査につれてゆかれます」というご時世だった。

次は『東京日日新聞』第九六九号。小舟町で火事があったとき、紺木綿の股引、腹掛けに刺子の半天という粋な姿の若い男があちこちを火事見舞いに回った。しかしどうも物腰が不自然なので巡査が職務質問すると、これが男装したおやまという名の芸者だった。屯所へ連行されたから定めて罰金をくらったことだろう、と記事は結んでいる。

同じく『東京日日新聞』第八一三号、こちらは女装をめぐる記事だ。讃岐に住む夫婦に男の子が生まれたが、お乙という名で女の子として育てられた。髪や着物、化粧はもちろんのこと、裁縫など女ひと通りの素養も身につけた。その後塗師《ぬし》の男と男同士を承知で結婚し、夫婦として生活するようになる。ところが明治五年（一八七二）に新しい戸籍の作成作業が行われたのをきっかけに男であることが露見。お乙は男の姿に戻るよう命じられ、結婚も無効とされてしまったが、錦絵には散切り頭で針仕事に励むいじらしいお乙の姿が描かれている。

これらの記事はどれも明治七、八年頃のものだが、背景には直前に定められた「違式詿違《いしきかいい》条例」がある。混浴、立ち小便、ゴミの投棄から、乗馬・凧揚《たこあ》げによる交通妨害といったものまで、日常生活の中で処罰の対象となる軽犯罪をこと細かに定めたものだ。服装関係では、人前で裸になること、刺青を入れることなどが禁止されているが、男装や女装も取り締まりの対象となっていた。しかしなぜそうも服装が問題になるのか。

どの社会にも、その人の性別・年齢・職業・階級、また冠婚葬祭など特定の場面に応じたふさわしい身なりというものがあり、そうした約束事をドレスコードと呼ぶ。またあえてそうした社会通念とは異なる服装や髪型を意図的にすることを異装という。特にお祭りでは、洋の東西を問わずドレスコードを反転させた扮装が見られる。男が女の、子供が大人の格好をすることで、日常の硬直した世界観をひっくり返そうとする。また子供が無事に大きくなるように、男の子に女の子の、女の子に男の子の格好をさせて育てる風習も知られている。これは子供を奪いにやって来る魔物の目をくらますためだという。

ところが許された場面以外でそれをやれば、安定した秩序への挑戦的行為とみなされる。たかが着る物のことであっても、時には社会全体を動揺させる火種になりかねない。だから軍隊や学校のように多くの人間を一元管理したがる組織では、服装への執拗なチェックが行われる。生まれたばかりの明治政府も、足元にひび割れを生じさせかねない異装への目配りを忘れなかった。逆にいえば、異装は強いタブーであるがゆえの危険な魅力に満ちている。ことに男が女の、女が男の格好をする異性装はそうだ。このタブーこそが『富士額男女繁山』のカナメになっている。

歌舞伎には女形《おんながた》の伝統がある。少なくとも舞台上で男が女に化けることにはなんの不思議もない。そもそも初めから男が女に化けているわけだから、『扇屋熊谷《おうぎやくまがい》』や『弁天小僧』や『三人吉三《さんにんきちさ》』のように、「女と思ったら実は男だった」という役を無理なく演じることができる。しかしここで紹介する作品は少々話がややこしい。つまりもう一回ひねりが加わって、「男と思ったら実は女だった」という役を「男」が演じなくてはならないのである。

主人公の妻木繁《つまきしげる》は散切り頭のりりしい書生だが、実は美女お繁《しげ》の男装の姿である。伊香保近くの村で寺子屋師匠妻木右膳《うぜん》の娘として生まれたが、無事に大きくなるようにと男の子として育てられた。「当今開化の時世には学がなければ人にはなれぬ」という時代、学業優秀で東京の塾に入ることになった。しかしいまさら女に戻るよりはと、世間には男で通したまま神保正道《じんぼまさみち》の書生になり、立身出世を志している。ところが父が重病との知らせを聞き、治療代に神保の金二百円を持ち出して帰郷する途中、熊谷の宿で人力車夫御家直《ごけなお》に入浴中の姿を見られる。ゆすられてやむなく一夜をともにするが、この御家直がひそかに繁のあとをつけて行き、妻木右膳を殺したうえに二百円を奪って逃げる。神保に連れ戻されて表向き妾としてかくまわれた繁は、御家直を父殺しの犯人と知って仇《かたき》を討つ。

御一新のドタバタのホコリも鎮まらない明治十年（一八七七）四月、新富座《しんとみざ》で初演された。結末からすれば要するに仇討ちの物語だが、味付けがぐっと新しい。対峙するのは車夫と書生。どちらも町なかに目立って現れるようになった人々だ。「大都会とて四方より、入《いり》こむ人もさまざまなる、なかにも別《わけ》て数多きは、人力車夫と学生なり」と、坪内逍遥の『当《とう》世書生気質《せいしょせいかたぎ》』が書いている。「実《げ》にすさまじき書生の流行、またおそろしき車の繁昌」とあるように、車夫と書生はこの時代の新しい名物として並び立てられる職業だった。そうした社会風俗がきちんと織り込んである。

御家直は人力車夫である。「車夫馬丁のごとき」と一段下がって見られる職業だったが、中には維新で没落した下級武士もいた。本作にも「今でこそ人力車、是《こ》れでも元は茨城県で槍一筋の士族でござる」と悪く気取る車夫が出てくる。

御家直は「元は旧幕徳川家で、御徒士《おかち》を勤めた士族の果《はて》」、つまり身分はうんと低いが徳川将軍家に仕える御家人《ごけにん》だった。御家人くずれの倉橋直次郎、略して御家直というわけだ。幕府瓦解《がかい》後、一度は徳川家に従って静岡まで行ったが、生来の怠け者で茶畑の世話もできない。また東京へ舞い戻って家禄を奉還し、一時金を元手に商売を始めたが、「紅梅焼《しゃも》や塩煎《せん》餅《べい》を売るのもあんまり気が利かねえから」、肉食がはやりだしたのをあてこんで軍鶏屋を始めた。ところがこれが大失敗で、「首の廻らぬ借金に身代限《しんだいかぎ》りをしてしまい、とうとう果が人力車」。士族の商法というやつで、とっつきやすい駄菓子屋や飲食店に手を出してはあえなく落ちぶれていく士族が山ほどいた。この御家直を演じたのは初代市川左團次。線の太い男っぽい役柄を得意にした人だから、侍くずれの車夫、しかも女をゆすってモノにし、強盗殺人までやってのける御家直はなかなかのはまり役だったろう。

一方の書生という奇妙な人種の生態については逍遥が詳しく書き残した。牛鍋屋や楊弓場《ようきゅうば》に入りびたり、教科書を売り飛ばしては厚化粧の美人に入れあげる。本作のせりふでも、「学事に勉強いたすべき職を忘れて酒色に溺れ」「其身を寄する所もなく、路傍に迷う者多し」と散々にコキおろされている。そもそもしゃべる言葉からして珍妙だった。やたらに漢語を使い、時には外国語を妙ちくりんなちゃんぽんにしてしゃべる。「僕不肖なりといえども、年来私《ひそか》に志を立てて To be something（有為《ゆうい》の人たらん）と盟《ちか》ったからには、あに一人《にん》の女子のために終身の業を誤らんやだ」（『当世書生気質』）という具合だ。もちろん一方では、まじめに勉学に励み、政治家や法律家として華々しく世に出る者も多かった。学問を武器にして立身出世の階段を上昇していこうとする書生。その書生と、世替わりで下降を余儀なくされた車夫とが、ちょうど本作の中で交わり切りむすぶことになる。

なお、この芝居の通称になっている「女書生」という言葉は、本来は文字どおり「女の書生」を意味する。男物の袴《はかま》に朴歯《ほおば》の下駄をはき、洋書を小脇に抱えて女学校に通う。聞きかじりの理屈を振り回しては男たちをやりこめるおてんば娘が、ちょうどこの頃に出現していた。お繁はあくまでも女であることを隠して男を装っているわけだから、本来の女書生とは少々事情が異なるのだが、この男まさりの女書生のイメージが重ね合わされているのはいうまでもない。見目麗しい娘のお繁が、自堕落と乱暴の代名詞だった書生に化けているところが作者の工夫だ。というよりも、その思いつきの面白さだけで出来上がってしまったような芝居である。しかもお繁は、それこそ敵の目を欺くためだとか、正体を隠すべき目的があって男装しているわけではない。

「子供の折から色気をば、捨てた天窓《あたま》の散切りに、二重《ふたえ》廻りの兵児帯《へこおび》で、しっかり腹を締めて掛《かか》り」

「牛肉店で胡坐《あぐら》をかき、些細の事にも権《けん》をつけ、身のすき鍋で茶碗酒、男も及ばぬ所行をして来て、今更《いまさら》女になられるものか」

「習い性《せい》となる」というが、なるほど形は大切だ。ずっと男として振る舞ってきたために、男がすっかり身に付いてしまった。父の右膳は、旧習にとらわれて繁を男として育てたことを恥じ、「ただ案じるは違式の罪、事なきうちに生来の女子に返りて形を改め、父に安堵をさせてくりゃれ」とはなはだ勝手なことを言うのだが、案の定この男装が事件を引き起こし、繁を女へと引き戻すことになった。

女書生（高畠藍泉『怪化百物語』）

　繁は伊香保の実家へ帰るのに御家直の人力車を雇い、途中の熊谷で御家直とともに一泊する。御家直がゴマをすって小遣いを稼ごうと、風呂に入っている繁の背中を流しに来たために、女であることがあっさりバレてしまう。

直　別に風呂場で見たという慥《たしか》なもの

もありませんが、旦那の背中を流す時、ちらりと見たのはあなたの乳房、はてなと思ったばかりの事、外《ほか》にゃあ何も気に附きませぬ。（ト繁ぎっくり思入《おもいいれ》あって）

繁　それじゃあ、そちは気が附いたか。

直　あんまり大きゅうござりますから、もしや旦那は。（トいうを冠《かぶ》せて、）

繁　あゝこれ、何にもいうな。（ト繁はつか〳〵と障子の口、御家直は四辺《あたり》を窺《うかが》い、元の所へ来り、）そう気が附いたらば隠しはせぬが、実の所は、おれは女だ。

十円という口止めの金を渡して別れ、それですめばよかったのだが、一人淋しく膝を抱えて寝るうちに、御家直の目の先にふと繁の乳房がちらついた。「この十両の口留めを返して一晩お情《なさけ》を、受けたくこれへ参りました」ということになった。もちろん繁はきっぱりはねつけるのだが、御家直は「男女姿を替えるのは、お布令《ふれ》のあった天下の禁制」と、例の条例をタテにつけこんでくる。繁は法に背いて男装しているだけでなく、神保の金を盗んで逐電してきたという弱みももっているから、訴え出られてはたまらない。とうとう観念して御家直に身を任せることになり、ここで初めて繁は女の正体をあらわにする。

直　思い掛けねえ此酒《この》は。

繁　心に随《したが》う固めの杯。（トついで遣《や》る。）

直　そいつァ何より有難い。（ト酒を呑む、繁は天窓《あたま》の痒《かゆ》き思入にて以前の蒔絵《まきえ》の櫛《くし》を取上げ、天窓をかきそのまま横へさす、御家直四辺《あたり》へ思入あって、）それじゃあ今夜は、おれと一緒に。

ト側《そば》へ寄る、繁顔を見て忌々《いまいま》しい奴だという思入あって、気を替え、

繁　何だか極《きま》りが、（ト女のこなしにて兵児帯を前へ廻すを木の頭《かしら》、）わりいねえ。

トじっと思入、御家直はしめたというこなし、時の鐘、割竹の音にてよろしく、　拍子幕

「心に随う固めの杯」は男の声で、「何だか極りが」で急に女の声になる。散切り頭の鬢《びん》に蒔絵の櫛を挿《さ》し、帯を前結びに変えることで、一気に女へと変身したことを表す。衣裳や髪型が変わることで人格までもがいっぺんに変わってしまったことを表現するのは歌舞伎の得意ワザだ。ただし弁天小僧が振袖姿のお嬢様から「わっちゃァ男さ」となるのとは正反対で、ずっと男だった散切り頭の繁がガラッと女になるのが見どころである。しかも観客は、幕が閉まった後のこの二人を思い浮かべてひそかに胸高鳴らせる仕組みになっている。

　さて父の右膳を見舞っての帰り、神保の追っ手につかまって東京に連れ戻された繁は、盗みの罪とともに自分が女であることを告白するのだが、主人の神保正道が意外なことを言い出す。

惣助　さては繁を、旦那さまには。

正道　我が権妻《ごんさい》にいたしたぞ。
繁　えゝ。(トびっくり思入、小助《こすけ》さてはというこなしにて、)
小助　そんなら男と思いしも、
惣助　今日よりしては、お妾さま。

書生からお妾さんへの転身。そこで次の幕になると、繁は髪も着物もすっかりお妾さんの姿になって登場する。ジェンダーの混乱は自我の存立にとって深刻な問題のはずだが、この繁はまったく苦悩することがない。状況の変化に応じて、男と女の間を軽々と飛び越えてみせる。もちろんこれはあくまでも歌舞伎であって、繁という人間の内面に迫るよりも、役者の芸と奇抜なあらすじで観客をあっと言わせるのが目的だから、そんな矛盾を追及しても始まらない。むしろこれだけの奇妙なキャラクターを登場させることのできた、芸能としての歌舞伎の度量を称賛するべきだろう。

一方の御家直はお繁の居所を突き止め、神保のうちに乗り込んでくる。見れば御家直は大金を懐に持ったうえに左手の小指をなくしている。二百円を奪われて死んだ右膳の口には、彼が食いちぎった犯人の小指が残っていた。さては父殺害の犯人はこの御家直、と確信したお繁は、「仮令一夜《たといいひとよ》の契りでも、先《さ》きに此身《このみ》を任せたる、直次郎さんと夫婦になるが、女子《おなご》の操《みさお》でござりまする」と言い、わざと悪態をついて神保家を出て行く。ここから二人の道行《みちゆき》となるわけだが、浄瑠璃の文句がふるっている。

香水の薫り床《ゆか》しき鬢《びん》の毛も、掻き上げしまま横櫛に、
さすや窓もる月の影、どれが女か男やら、
分かぬ姿の梅柳、憎い仲ではないかいな

熊谷の夜、御家直はたまたま当座の欲望で繁に迫ったのだが、一夜を過ごしてお繁が忘れられなくなった。

「忘れもしねえ熊谷で、湯からあがったその時に、毛をかき分けてそのままに鬢《びん》へさした横櫛にゃあ、ぞっとするほど惚れこんで、とうとう思いは晴らしたが、今の端唄で思い出し、何だかおかしな気になった」。

最初は金ヅルにしてやろうと追ってきたはずだったのが、思いがけずお繁が自分の女房になるという。御家直はかつてのお繁との一夜を反芻してさぞニヤけていたことだろう。ところが向島の土手にさしかかると、「おのれを爰《ここ》まで連出《つれだ》したは、人家離れた此《この》土手で父の敵を討つ所存」「冷たい白刃を振舞うから、覚悟をなして往生しやれ」と匕首《あいくち》を突き付けられ、あえなく斬り殺されてしまう。首尾よく父親の仇を討ったお繁は潔く自首して出ることとなる。

先に書いたように、結末からすればこれは仇討ちの物語である。ただし歌舞伎に山ほどある仇討ち物とは大分話が違う。歌舞伎の仇討ち物は、仇を討つ方の艱難辛苦《かんなんしんく》が一番のみどこ

ろだ。貧しさや病気に耐えながら、行方の知れない敵をあてどなく探し続ける。仇討ちの大義を果たすためなら、妻や子の犠牲もいとわない。やっと敵にめぐりあったと思ったら返り討ちにあうこともある。最後の仇討ち成就のカタルシスはほんのつけたり。そこに至るまでの不条理なほどの悲運と逆境が、観客の心をぎゅっとつかむ。

かたや妻木繁の場合はどうだろう。彼の苦労はもっぱら御家直や神保との間に生じるきわめて個人的な問題である。しかもことの起こりは男装や窃盗という彼自身の行動にあって、身から出たサビといえなくもない。また御家直による強盗殺人も、どうやら物語の決着をつけるために用意された一エピソードに過ぎない。右膳を殺す場面も芝居自体には登場せず、最後になって御家直の口から様子が伝えられるだけである。それよりなにより、明治の世となってからは「敵討は天下の法度《はっと》」。もはや仇討ちは法によって罰せられる犯罪となった。およそこの物語がおなじみの「仇討ち」を中心に回っているとはいいにくい。

では中心にあるのは何か。もちろん繁／お繁という世にも特異な存在であって、実はこの芝居は、周囲の人々が競って繁を奪い合うというお宝争奪戦の話なのである。誰もかれもが繁を自分のものにしようと秋波を送っている。

例えば宿屋の場面では、繁を女と知らずに岡惚れする商家の娘が出てくる。父親まで乗り出してきてなんとか繁を婿にしようとし、娘は自分の蒔絵の櫛を繁にプレゼントして気を引く。繁が御家直に迫られて女に戻るとき、散切り頭に挿《さ》してみせるのがこの櫛だ。先の御家直の「鬢《びん》へさした横櫛にゃあ、ぞっとするほど惚れこんで」というせりふにもあるように、女としての色気をこれ一つで表現する重要なアイテムである。

繁のあまりの美男子ぶりに、娘の下女が助平心を出して、入浴中の繁を座敷からこっそり覗くシーンもある。歌舞伎で風呂場を覗く場面は珍しい。

「あのまあお体の白いこと、ここから舌が届くなら、べろ〳〵舐めたいようでござります」

こんな台詞を聞くと、湯を浴びる繁の白磁のような背中やお尻を、思わず想像せずにはいられない。右膳が「未だ二十に満たざるそちが」と言っているから、繁はまだ十八、九という年頃。ただし頭が散切りというだけで、通常の女の色気とはまるで違う、男の体と女の体が一本の縄に縒《よ》り合わされたような奇妙な猥褻さがある。この芝居には繁の発散する性のイメージが全編にちりばめられていて、こういう奇妙な猥褻さが始終繁にまとわりついている。繁が一貫して性のまなざしの対象としてとらえられている。

良き後見人に見える神保にしてもどこか怪しい。お繁を妾にしたのは、いかにも鼻の下を伸ばしたかのように見せかけて、実は「数千人の其内《その》に、又と女子にはあるまじき」学才を惜しんで庇護してやったのだという。お繁の髪が伸びたら故郷へ帰し、小学校の女教師にしてやるつもり。自分の救った秀才がのちのち世に出れば、これすなわちお国のためというものの。「末々官のお役に立てば、仮令一人《たとい》《にん》なればとて、皇国《みくに》へ尽《つく》す我が忠節」というから大仰な話だ。したがって、寝室は一つにしても、「建廻《たてまわ》したる屏風のうち、媚《なまめ》く事は露ほどなく、和漢の談話に夜を明かし」ということが後《のち》に神保の口から明かされるのだが、学問談義で夜を明かしたとは、いかにも先回りした余分な言い訳のように聞こえないか。逐電した繁に追っ手を差し向けたことと、繁を表向き妾にしたこと以外、この芝居で神保はほとんど積極的な行動をとっていない。お繁が御家直とともに家を出て行くときにもからきし尻腰がなく、まるで間抜けな寝盗られ男のようだ。この頼りない神保がもったいをつけて「いや、実はこれには深い考えがあって……」とぺらぺらしゃべっているのを見ると、実は伸びた鼻の下も半分は本当で、美貌の繁をずっとわが手元に置いておきたかっただけなのではないか、と勘繰ってしまう。「あわよくば」というささやかな願望が、まるでなかったといえるだろうか？

御家直の場合はあからさまで、いったんは繁を手に入れるのに成功する。後に繁は、熊谷の宿のそのときに「初めて男と枕を交し、思わぬ夢を結びました」と大胆な告白をしているのだが、「何だか極りがわりいねえ」という、生娘にしては少々蓮っ葉に過ぎるせりふや態度も、常識の枠を超えた繁の性のイメージを増幅させるのにひと役かっている。心は女に戻っても身にしみついた書生っ気が抜けないというところだろうが、それをひと目でわかるように見せてくれるのが、当時できたてホヤホヤの散切り頭だ。ここで蒔絵の櫛が生きてくる。新しい時代の人間であり、なおかつ男でもあり女でもあるというはなはだ分かりにくい状況を、散切り頭に飾られた櫛ひとつで見せてくれる。かわいらしいお嬢さんの使う櫛がよりによって書生の散切り頭に飾られているところは、この不思議な芝居全体を視覚的に象徴する光景でもある。この奇妙な風情はどうしても散切り頭でなくては出てこない。江戸のチョンマゲではこうはいかない。歌舞伎のかつらや衣裳や小道具は、さほどに重要な役割を担っている。散切り物を「新しい風俗を見せただけ」と突き放すのは早計である、というのはそこのところだ。眼に見えるモノ、それ自体に意味があった。舞台上を行き交うモノたちの発する信号を、観客たちは敏感にキャッチしていた。

同じ男装の女にしても、繁にはタカラヅカ型のいわゆる「男装の麗人」とはかなり違った感触がある。男装の麗人は女性性をできるだけ隠蔽し、直接的な性のイメージを周到に回避しようとする。ところがこちらは女性と男性の間を自由に往復しつつ、そのときどきの繁にとっての「異性」との間に容易に性を想像させる生々しい言動をみせる。お妾姿のお繁と女髪結との無駄話ひとつにしてもそうだ。明治八年頃からさかんに出版された「造化機論《ぞうかきろん》」を早速話題にのぼせている。造化とはすなわち人間を造り出すことで、生殖器や性生活について解説した性医学書のことだ。アメリカ人医師ゼームス・アストンの書いた『造化機論』を嚆矢《こうし》として、似たようなタイトルの怪しげな通俗書がたくさん出た。

お繁　造化といえば此頃出た、『造化機論』という本は、女が見なくてはならない本だよ。
お連　そりゃあどんな本でござります。
お繁　先ず夫婦の仲の事からして、男の子でも、女の子でも自由に出来る教えの本さ。
お連　それがお内にござりますか。
お繁　お出入りの書林から、此間《このあいだ》持って来たゆえ、旦那さまがお求めなされて、わたしにお見せなされました。

（略）

お繁　おれんさん、洗い髪だから、又明日来ておくれよ。

お連　おゝ参りますとも〳〵、造化とやらの御本があっては、お髪《ぐし》はだいなしに毀《こわ》れましょう。

この作品は、非日常的な美貌と性格をもつ繁の周りで、男も女もが右往左往させられる話にほかならない。となれば繁を演じる役者には、我知らず周囲の人々を翻弄してしまうだけの求心力がそなわっていなくてはならない。当時三十三歳の菊五郎が、この要求を受けてたった。

女形役者の演じる立役《たちやく》（男役）には、いかに男っぽく振る舞っても微妙な柔らかみと色気がにじみ出る。女形から立役に転向する役者もいるが、特に二枚目の役では女形で身につけた色気が有利にはたらく。立役専門の役者でも若いときは女形を経験しておいた方がよいといわれるゆえんだ。

菊五郎の本領は立役である。しかし『吃又《どもまた》』のおとくのような世話女房から『加賀見山《かがみやま》』のお初、『忠臣蔵』のお軽、果ては『本朝廿四孝《ほんちょうにじゅうしこう》』の八重垣姫《やえがきひめ》のようなお姫様まで、女形も幅広く演じている。決して立役のおまけというのではなく、女形も本格的に演じられる役者だった。だからこそこの妻木繁や弁天小僧の役は、ほかならぬ菊五郎が演じることを前提にして書かれた。菊五郎よりうんといかつい九代目團十郎も、八重垣姫や『鷺娘《さぎむすめ》』を手がけて

「どうしても若い娘にしか見えない」と不思議がられているが、明治の名優の芸の幅広さには恐るべきものがある。

「今更女になられるものか」と御家直に向かって啖呵《たんか》をきるようなところで、菊五郎はいかにも若い書生らしいキビキビしたところを見せたのだろう。がまあそれは順当なところ。同時に、繁が本当は女であるところをきちんと重ね写しにしてみせた。女の色気を観客に直観させるような、ふっくらとした柔らかさを醸し出した。歌舞伎では、それが衣裳のほんのちょっとした工夫という、きわめて具体的な形で表現されもする。

一見書生の形《かた》ちなれど、どこにやら優しい情があり、左團次の御家直に無理くどきに口説《くど》かれ止むを得ず其身を任す宿屋の場にて、達磨合羽《だるまがっぱ》の裏の赤いのを見せたるなどは、女の色気を失なわざる注意にて、他の優の及ばざる処なりと、老劇通は等しく称賛したりと
（『続々歌舞伎年代記』）

舞台では、赤い裏地がちらりと見えただけで周りにそこはかとない色っぽさが漂う。ただ書生を演じるだけならさほど難しくはないが、そうした細かい工夫まで含めて、この「どこにやら優しい情があり」というのが難しい。体から立ち昇るにおいのようなものでしか表現できない厄介なものだ。散切り頭にシャッポをかぶり、革のカバンとコウモリ傘を手に「然《しか》らば君達」「失敬許したまえ」という調子で登場する繁。その背後には、真っ白でふっくら

と柔らかい、十代の娘が透けて見えている。多重人格などというトゲトゲしい言葉を持ち出すほどのことはない。倒錯とか両性具有とかいう言葉で片付けるのも乱暴だ。光の当たる角度によっていくつも違った顔を見せる、人間という奇妙で不可思議で不安定な存在。歌舞伎の舞台で菊五郎が演じた妻木繁は、それをいささか誇張してみせたのではあるまいか。

残念ながら菊五郎の繁の写真は残っていないが、この作品はキワモノとしては珍しく大正・昭和と再演が重ねられ、そのときの写真を見ることができる。せめて菊五郎の繁をしのぶ手がかりにはなるだろう。大正九年の市村座では、菊五郎の子である六代目梅幸と六代目菊五郎が、それぞれ繁と御家直を演じた。昭和二十九年にはさらに一つ下の世代の七代目梅幸と二代目松緑が演じている。宿屋で御家直にゆすられてギックリする場面。後ろにちゃんと合羽の裏地が見える。いつもの世話物のように見えながら、どこかひと味ちがった雰囲気がある。その原因はやっぱり繁の散切り頭であって、「ハイカラ」以外にその独特の雰囲気を表現する言葉を探すのは難しい。ましてついこの間まで皆が皆マゲを結っていた明治十年当時なら、菊五郎演じる散切り頭の繁はひときわまぶしく見えたことだろう。

次に紹介する『木間星箱根鹿笛』も散切り物の代表的な作品だが、市川海老蔵（十一代目團十郎）・七代目梅幸のコンビで昭和三十五年に再演されたときの新橋演舞場のパンフレットにこう書いてある。

散切物の世話狂言は、書き下ろされた当時は、その時代の新劇のつもりだったのです。処《ところ》

御家直＝二代目松緑、繁＝七代目梅幸（『演劇界』昭和29年２月号、掲載協力：日本俳優協会）

が、背景になる風俗や事件は明治の新文明でも、登場人物の道徳や考え方、そして、芝居の形式や演出は依然として昔の世話狂言と殆んど変らないのですから、直ぐ飽きられ、大正時代になると、時効のかゝらない中古（ちゅうぶる）的な新しさが滑稽に見え、見物も可笑《おか》しがるし、演じる側の俳優も気がさして嫌がると云った具合でした。併《しか》し、昭和も二十年三十年と過ぎた今日になると、明治は昔の部類になり、見た目の明治式のハイカラさも純粋に昔の風俗の感じと見えるようになり、ザンギリ頭で新文明でいながら、昔の歌舞伎風の演出や演技のお芝居が、時代の衣のかゝった時代錯誤の面白さを楽しめるようになったのです。

とはいうものの、観客・役者とも散切り物に一種の照れくささを感じる時代は続き、近年でも散切り物の上演される機会は非常に少ない。

たいていのものは新しいがゆえに古くなる。しかしぐるりと時代が回れば、古いものがまた新しくなることだってある。何周遅れだろうと先頭走者に違いはないのが文化の不思議なところだ。われわれは多かれ少なかれ「歌舞伎はマゲを結って着物を着ているもんだ」とアタマから思っている。そんな思いこみからしてヒョイとひっくり返される、お尻のくすぐったいような奇妙な違和感が、すなわち「時代錯誤の面白さ」だろう。この面白さは、「高い文学性」や「鋭い人間洞察」をやたらに尊ぶ従来の考え方ではとてもすくい取ることができない。「ザンギリ頭で新文明でいながら、昔の歌舞伎風の演出や演技のお芝居」というのは、まさに散切り物の致命的な欠点といわれてきたわけだが、なにしろその「昔の歌舞伎風の演出や演技」が、今やとびきり斬新なフィクションとして楽しめる時代である。そろそろ本当にぐるりと一周回って、「時代錯誤の面白さ」を新鮮な気分で味わえる時代がやってくるのではないだろうか。そのとき感じる面白さは、明治の人々が散切り物から感じとったまぶしいような新しさ、ハイカラさに意外に近づいているのかもしれない。

幽霊より人が怖い　――『木間星箱根鹿笛《このまのほしはこねのしかぶえ》』（明治十三年）

いまや「温泉にでも行ってのんびりしたい」は働く人たちの決まり文句になっているが、もともと温泉場はケガ人や病人が治療のために訪れるところだった。あとはせいぜい近郷近在《きんごうきんざい》の農民が農閑期の骨休めにやって来る程度のこと。温泉宿といえばひなびたうえにもひなびていて、肝心の風呂、客室から食べ物まで、万事に不便と不自由がつきものだった。鶯亭金升《おうていきんしょう》は「当時温泉場は何処《どこ》へ行っても不自由が付いて廻ったものだが、それがかえって保養になった。今の温泉場は自由が利く代りにウッカリすると病を拵《こしら》えるかも知れない」（『明治のおもかげ』）と書いているが、よほどの酔狂者でない限り、過剰サービスに慣れた現代の温泉組はひと晩たりとも我慢できないだろう。

箱根は東京に近いだけ早く開けたが、それでもたどり着くまでの労力は現今とは比べものにならない。岡本綺堂によると行程はこうだ。「江戸時代ばかりでなく、明治時代になって東海道線の汽車が開通するようになっても、先ず箱根まで行くには国府津で汽車に別れる。それから乗合いのガタ馬車にゆられて、小田原を経て湯本に着く。そこで、湯本泊りならば格別、更に山の上へ登ろうとすれば、人力車か山駕籠に乗るのほかはない」（「温泉雑記」）。

あるとき七十六歳の黙阿弥が箱根へ旅行した。お供は長女の糸と門弟の竹柴其水《たけしばきすい》。小涌谷を見物してから茶屋で一服したが、そこの女房が「ぜひ一泊していらっしゃい」と勧めたら、「あんなに始終ふつ〳〵と噴き出しているんだから何時《いつ》燃え上るか知れやしねえ、おらァこんな所で死ぬなァいやだ」と顔をしかめた（河竹繁俊『河竹黙阿弥』）。今なら特急電車で一時間半、東京から目と鼻の先の箱根だが、黙阿弥のような江戸人にとっては文字どおり辺境の地だった。古来江戸っ子は「野暮と化物は箱根から先」と胸を張ったし、『婦系図《おんなけいず》』のお蔦は主税《ちから》に向かって「静岡って箱根より遠いんですか」と言う。箱根は江戸東京の人々にとってこっち側とあっち側の境目だった（『新世紀エヴァンゲリオン』で新東京が芦ノ湖岸に、絶対防衛線が強羅に置かれているのも興味深い）。

とはいえテクテク歩きの昔に比べれば格段に近くなった。この芝居のせりふでも、「今朝新橋を乗出して神奈川へ着き、直《すぐ》に馬車で二十里ある小田原へその日の内に来ると云《いう》のは、こりゃあ以前には出来ねえことだ」と交通網の発達をことほいでいる。話は箱根に限らない。伊香保や熱海、伊豆、草津と、東京近県の温泉場が汽車や馬車、人力車のおかげで急速に身近な存在となり、温泉場と観光とが一気に手を結んだ。生活に余裕のある者が旅行カバンをさげて気軽に温泉に出かけ、都会を離れてひとときの非日常を楽しむようになった。後に紹介する『綴合於伝仮名書《とじあわせおでんのかなぶみ》』（高橋お伝）にもこんなやり取りが出てくる。

「伊豆も官員方がお湯治に入らっしゃるので大分開けて参りました」
「毎年どこも温泉流行で、賑やかになって来たが、この草津は外と違い、遊山《ゆさん》湯治は十《と》ヲに一ツ、まず九ツは養生ばかりサ」

多くの温泉場では、治療よりも遊山のために集まって来る客の方がメインになった。本作では、洋風建築で有名な箱根湯本の福住《ふくずみ》（現存）の社交場めいた繁盛ぶりが描かれている。大勢の人が集まるようになると、そこにドラマが発生する。歌舞伎の番付などでタイトルの前にくっつける七五調の宣伝文を「カタリ」と呼ぶが、まずは『箱根鹿笛《はこねのしかぶえ》』のカタリの一部をご覧いただこう。

第二番目は湯治場で、聞書なせし一夕話（略）湯元土産の独楽《こま》ならで、廻《めぐ》る因果の旅路の怪談
（『俳優評判記』第十編）

今年は些《すこ》しの暇ありて、暑さ凌《しの》ぎに木賀湯元、七温泉《ななゆ》巡りに趣きしが、隣り座敷で徒然《つれづれ》に、打寄《うちより》話す百物語を、浴衣の儘《まま》に聞惚《ききほれ》て、襟元へ染《し》む肌寒に、ぞッと板戸の雨音寥《すご》く、後ろ見らるゝ行灯の、闇《くら》き灯影に筆採《とり》て、書止《とど》めしを二ツ三ツ、寄木細工の煙草箱、（略）秋風立て東京へ、湯治土産に駅路《えきろ》の怪談
（『新報』第九六号、明一三・九）

土産、旅路、駅路などいかにも旅情を感じさせる言葉が目につくが、このたびは怪談話である。怪談は怪談だが、新時代だけに少しヒネリがきいている。

文明開化の時代とは、とりもなおさず科学と理性の時代でもあった。お化けや幽霊は、非科学的な迷信として真っ先に槍玉にあげられた。

一方では人間の心を科学的に説明するための言葉として、「神経」や「神経病」がえらく

流行した。神経病とは今日聞きなれない言葉だが、要するに疲労や抑圧による精神の一時的変調、古風に言えば「気の迷い」である。そこに医学の香りただよう漢語をあてはめたところに値打ちがあった。神経という名前が付いたとたん、そういう名前の柔らかい器官が頭の中に張りめぐらされているような気になって、人間の感覚や心についてのすべては神経のしわざ、ということになった。その結果、幽霊と神経とがあっという間に結び付いた。いわく、幽霊は存在しない。幽霊は神経病による幻覚である。

なにしろこの幽霊＝神経病説は流行した。『真景累ケ淵《しんけいかさねがふち》』の冒頭で、三遊亭円朝が皮肉まじりに解説している。そもそもタイトルにある「真景」からして「神経」の掛け言葉になっているのだ。

今日《こんにち》より怪談のお話しを申上《もうしあげ》まするが、怪談話しと申すは近来大きに廃《すた》りまして、余り寄席《せき》で致す者も御坐いません、ト申すものは、幽霊と云うものは無い、全く神経病だと云う事に成りましたから、怪談は開化先生方はお嫌いなさる事でございます。夫故《それゆえ》に久しく廃って居りましたが、今日に成て見ると、却って古めかしい方が、耳新しい様に思われます。（略）ナレども是《これ》は其昔《そのむかし》、幽霊と云う者が有と私《わたく》し共も存じて居《おり》ましたから、何か不意に怪しい物を見ると、オー可畏《こわ》い、変な物、アレア幽霊じゃア無いかと驚きましたが、只今では幽霊が無いものと諦めましたから、頓と可畏《こわ》い事はございません。狐に魅《ばか》されると云う事は有る訳《ある》の物でないから神経病、又天狗に攫《さら》われるという事も無いから矢張《やっぱり》神経病と申して、何でも可畏《こわ》いものは皆神経病に押付《おっつけ》てしまいますが、現在開《ひら》けた博識方《えらいかた》で、幽霊は必らず無いものと定めても、鼻の先へ怪しい物が出ればアッと云って臀餅《しりもち》を搗《つ》くのは、矢張神経が些《ち》と怪しいので御坐いましょう。

『木間星箱根鹿笛《このまのほしはこねのしかぶえ》』は、まさにこの神経病の幽霊を中心に据えた歌舞伎である。他にも一竿《いっかん》齋宝洲《さいほうしゅう》の名を使って川尻宝岑《かわじりほうしん》が書いた『神経闇開化怪談《こころのやみかいかのかいだん》』(明治十七年)、竹柴其水の『百物《ひゃくもの》語雨夜怪談《がたりあまよのかいだん》』(明治十九年)など、神経病の幽霊にまつわる脚本は色々あるが、『木間星箱根鹿笛』はそのさきがけともいえる作品だ。キワモノはキワモノでも、ある特定の事件ではなく、幽霊=神経病説の大流行という社会現象を取り入れたキワモノである。

しかしもともと幽霊・怪談は歌舞伎のお得意のジャンルであって、『四谷怪談』の四世鶴屋南北でその完成度はピークを迎えていたはずだ。『百物語雨夜怪談』には「幽霊の正体見たり枯柳、是を当時の心経病に准《よそえ》て『百物語雨夜怪談』」などとミもフタもないカタリがくっついているが、果たして歌舞伎の幽霊はどこへか追いやられてしまったのだろうか。

おさよは静岡の士族の娘で許婚《いいなずけ》のある身だったが、岩淵九郎兵衛と密通して駆け落ちする。九郎兵衛の放蕩のために小田原宿で娼妓になったが、九郎兵衛は旅芸者の山猫おきつとなじみ、おさよから百円の金を騙《だま》し取る。箱根の山中で九郎兵衛とおきつに偶然出会ったおさよは二人をなじるが、九郎兵衛の手によって無残に殺される。それ以来九郎兵衛は熱病に

おさよの幽霊（早稲田大学演劇博物館蔵）

おさよ（娼妓小夜衣）

悩まされ、夜になるとおさよの亡霊に苦しめられるようになる。しまいには錯乱しておきつらを斬り殺すが、九郎兵衛の世話をしていた弟の与七が身代わりとなって自首する。

　例の神経病説に従うなら、このおさよの亡霊は九郎兵衛の神経病が生み出した幻覚にほかならない。歌舞伎に登場する殺人犯が、江戸の昔のように怨霊や祟りによってではなく、自らの幻覚によって破滅するようになったわけだ。作品全体の沈んだトーンといい、このあたりはちょっとポーの小説を思い出させる。例えば老人を殺した男が幻聴によって自滅する『裏切る心臓』（一八四三）のような。

　主役の岩淵九郎兵衛を演じたのは、『女書生』でもコンビを組んだ市川左團次。「からだにあるづぶづぶしき敵役《かたきやく》」（『俳優評判記』）と評されたように、この悪漢も男つぽいキャラクターに合ったはまり役だった。おさよを殺す場面で、手に付いた血糊を星明かりに透かし見て「エ、仕方がねえ」とずっけり言い放した具合が、いかにもふてぶてしい悪人らしくて良かったという。

　菊五郎はおさよと、九郎兵衛の弟与七の二役を演じた。筋の上では菊五郎が左團次に一歩譲った格好だが、実はこのおさよの幽霊こそが呼び物だった。

　歌舞伎の伝統的な幽霊には、こと細かな「お約束」がある。といっても怪談映画や幽霊コントの伝統も絶え、Jホラーで育った今の若い方々にはまるでピンとこないかもしれない。まずヒュードロドロと不気味な「寝鳥《ねとり》」の鳴物が入り、焼酎を燃やした青白い人魂《ひとだま》がフワフワと宙を漂うと、やおら両手をだらりと垂らして着物の裾をひきずった幽霊が「うらめしや」と登場する。「恨みはらさでおくべきか」とか「ともに奈落へ連れ行かん」とかひとしきり恨みごとを言うと、恨まれる相手の方は錯乱して刀を振り回したり、たちまち人事不省に陥ったりしてしまう。

　一方、菊五郎演じるおさよの幽霊はどうやって登場したか。

「鼠色の裾の長い着物で、ドロ〳〵や焼酎火で子供をコハがらせる旧弊のお化とは抜群の相違」（『俳優評判記』）。すなわち、憔悴《しょうすい》した九郎兵衛が自害するつもりで書置を書いていると、気の滅入るような独吟の唄とともに行灯の明かりがスウと暗くなる。

茂りし笹の葉に置きし、露の雫《しずく》のはら〳〵と、
結ぶ甲斐なき夢の世の、夢か現《うつつ》か現か夢か、
姿も凄き枯柳

九郎兵衛が一生懸命に灯をかき立てていると、その行灯の陰に、いつの間にか殺された時のままの姿でおさよがジッと座っている。これは怖い。菊五郎は円山応挙はじめ諸家の幽霊画を集めていろいろ検討した結果、「当世向の凄みが宜《よ》い」(『新報』第一〇四号、明一三・一一)ということで、河鍋暁斎《きょうさい》と落合芳幾《よしいく》を合わせたような線を狙ったそうだ。

もちろん消える時にもひと工夫ある。
「正面の壁を二重の綟張《もじば》りとなし、瓦斯《ガス》の光線を応用し段々に消えて行くという新案、図に当りて大いに見物の眼を驚ろかし、此場における拍手喝采はあたかも急霰《きゅうさん》の如く、市中到る処此噂《このうわ》サで持切られ、さてこそ意外の大当りを占めたるなり」(『続々歌舞伎年代記』)
「綟張り」は蚊帳に使うような目の粗い麻布のことで、これを通すと向こうのものがぼんやりかすんで透けて見える効果がある。「瓦斯の光線」はガス灯を使った照明効果のことだ。劇場で電灯が使われるようになるのはこの十年近くも後のことで、当時はもっぱらガス灯が用いられた。二重に張った綟張りの後ろへ菊五郎が回りこむとともに、ガス灯のスポット照明をフェードアウトさせるか何かして、徐々に姿がかき消えていく様を見せたのだろう。ガス灯の明かりは潤んだような独特の風合いをもっているから、物の輪郭をくっきり照らし出

す電灯よりも幽霊には向いていたかもしれない。そのガス灯にしても、劇場では明治十一年に新富座で導入されたばかりの最新の科学技術だったから、それを早速幽霊に応用した菊五郎のアイデアはいかにも新しかった。科学が幽霊を迫害・追放しようとした時代にあって、歌舞伎の舞台の上では科学が幽霊を演出していたわけだ。案の定この幽霊が「文明開化の今日の流行に後《おく》れぬ新発明のすごみ」（『俳優評判記』）と喝采を浴び、芝居はめでたく大入りとなった。

だいたい菊五郎はこういう舞台での視覚的な工夫や仕掛けを考えるのが好きな人で、特に細かい仕掛け物は子供の頃から大好きだった。

六歳頃の話だが、舞台に出ている人魂《ひとだま》の仕掛けが欲しくてたまらない。当時の人魂は「今考えると実に馬鹿馬鹿しいようなもので、早く申せば西瓜を二つに切ったような物を合わせて、それへ穴がポツ〳〵開いていまして、その穴が青と赤との紙で貼ってあります」というものだったが、かつら屋の職人が作ってくれたのが嬉しくて、夜になると灯をともして持って歩いた。

大御所の中村芝翫《しかん》が浦島太郎を演じたときには、かつらの黒い毛が一瞬で白髪になる仕掛けが面白くて、また職人に小さなかつらをこしらえてもらった。一心に遊んでいると、それを見た芝翫に「この子はどうも感心だ、おもちゃにも芝居の仕掛け物ばかり持って遊んでいる」と大層褒められた。

また菊五郎が幽霊にこだわるのには理由がある。曽祖父の初代尾上松助、祖父の三代目菊五郎と、お化けや幽霊は音羽屋に代々伝わる得意芸だったからだ。特に五代目にとってごく身近な存在だった三代目は、『四谷怪談』のお岩さまを初演した人で、他にも化け猫、累《かさね》などの怪しい役を得意にした。五代目が『茨木』『土蜘』『戻橋』など妖怪変化物の新作を次々に作り出したのも、その芸脈を自分の手でさらに発展させたいという意志があったからだろう。

具体的な役作りへの熱意も三代目譲りだった。例えば三代目の演じた、『四谷怪談』に登場する小仏小平《こぼとけこへい》の亡霊。歌舞伎の幽霊で紋付の着物を着ているのはこれだけだといわれるが、ちゃんと実際のモデルがいた。仕切場《しきりば》（劇場の会計事務所）に勤めていた蔦芳《つたよし》という男の家に、いつも若い男の幽霊が現れた。蔦芳は肝のすわった男で、階段や便所に幽霊が出てくるたびに「サア邪魔だから退《ど》け〳〵」と悪態をつきながら暮らしていたが、それを聞いた三代目は「その化物はどういう形装《なり》をしていたか」「今度出たらばどういう形装《なり》だか、よく見覚えて来てくれ」と頼みこんだ。後日蔦芳から「鼠色のような着物で背中に紋が付いていましで、頭は野郎の散らし髪で……」という幽霊の様子を細かく伝え聞いて、「こりゃァ好《い》い事を聞いた」とばかり、早速そのまんまの姿を舞台に登場させた。

またあるとき三代目が死神の役を演じたことがあった。まだ五つか六つの五代目がそれを見て、子供心にもすてきに面白かった。どうしてもその死神がやってみたくて、後に黙阿弥に頼んで書いてもらったのが、『盲長屋梅加賀鳶《めくらながやうめがかがとび》』（明治十九年）で雷《かみなり》五郎次に身投げをさせる死神の役だ。ところが三代目の舞台は子供の時に見ただけだし、三代目はそういう役のときには楽屋に紙帳《しちょう》をめぐらして誰にも見られないように化粧や着付けをしていたから、衣裳や化粧をどうしていたのかがよくわからない。たまたま楽屋の中に入ったことのある者から「何か皿へ薄鼠色の物を解かすと泡が立って、それを顔へ塗っては団扇《うちわ》で煽《あお》いでいる、するとその塗った痕《あと》が粟粒のようにプツリ〳〵と総気立ったようになります」と聞いて、白粉《おしろい》を土台に藍鼠《あいねず》の「死人《しびと》色」をこしらえ、その中にムクの木の皮を入れてかき回してみた。無暗に泡がたったが、顔に塗るとすぐにつぶれて消えてしまうばかりで、ひどく肌が荒れて弱った。全身も鼠色に塗り、向こうが透けて見えるような薄い着物の、裾をぼろぼろにしたやつを身にまとい、仕上げにネギの枯れっ葉のような細い帯を締めた。これは子供の頃のおぼろげな記憶を再現したものだ。

死神（早稲田大学演劇博物館蔵）

「祖父《じい》さんはよく考えたもので、実に感服するというのは、身体と着物と同じ様な藍掛った物を着た事で、こうして薄暗い所へ出るとボウと見えるのですが、これを白と黒との取合せなどにすると、キッパリとしていけないのでございます」

　姿を消すときには、「後ろに黒幕を張っておいて、五郎次が身を投げると、二重へ上って祖父さんのやった様な笑いになって、それから上手へモジを張っておきました、その中へ入って次第に消えるようにいたしました」。モジ張りを使って徐々に姿を消すのは、すでに『箱根鹿笛』で実験済みの手法だ。で、この五代目の死神を最前列で見物していたのが他ならぬ三遊亭円朝。菊五郎の楽屋を訪ねてきて「イヤ恐れ入った、あの屁ピリ腰の形などは実に妙だ」と絶賛したという。死神の役に凝りに凝る菊五郎と、それを見て子供のように大喜びする円朝。のんきといえばのんきだが、大の大人の名人二人が芸に夢中になっている光景は少しばかり感動的でもある。

彼らにとっては、幽霊が神経作用による幻覚かどうかなぞどうでもいいことだった。とにかく幽霊や死神は現れる。それを舞台の上でどう表現するかが彼らにとって最も重要な、いや唯一の問題だった。菊五郎や円朝に限らず、それが表現者の本分というものだろう。

それに菊五郎自身が何度も幽霊を目撃している。

「お化けは家の物〈お家芸〉だからそんなことを言うなどとお笑いなさる方もありましょうが、これは実際私が見たのですからお話をいたします」

子供の頃、近所に二十七、八のお梅さんという女の人が住んでいて、菊五郎を大層かわいがってくれた。ところが菊五郎が十歳のとき、肺病で糸のように痩せて亡くなった。お通夜に行って座敷で遊んでいるうちに、ふと見ると棺桶の脇に置いた葛籠《つづら》にお梅さんが寄りかかっている。びっくりして「あれあすこにお梅さんがいた〳〵」と指を差して訴えたが、もちろん大人たちは相手にしてくれなかった。

「頭の毛は油気が抜けてボウッとして顔へ掛かっていて、前の生え際は抜け上がっていまして、それから顔は眼が凹《くぼ》んで頬骨が高くなって、胸の辺りは肋骨《あばらぼね》が出ていまして、手は骨と筋ばかりで色は青ざめ、床の上に寝ていた通りに、朦朧とその葛籠に寄りかかっていたのです」

まったく掛軸の幽霊画そのままの姿である。

「これは私を常に可愛がったものですから、その気が出たのだろうと思われます」

次は大人になってからの話。「私も若い折には随分乱暴をいたしまして、夫婦約束などをした女も随分数多くあったのですが」、中には早死にしてしまった不幸な女もいた。その一人が、山谷堀の舟宿のおしほという娘だった（『演芸画報』〈明治四二・六〉の「菊五郎の見た幽霊」では内藤新宿の吉野屋という妓楼の娘）。よほど執着が深かったらしく、死んでからも毎年お盆の十六日になると菊五郎の目の前に姿を現した。最後に現れたのが、長男の幸三、つまり後の六代目菊五郎が生まれる年の七月十六日だった。枕元におしほが立って、恨めしそうな顔でじっと菊五郎を見つめていた。ほどなくして幸三が生まれたから、よく五代目は六代目に向かって「おめえはお化けの子だぜ」と冗談めかして言ったという。子供ができたのを見たらおしほもあきらめたのか、それ以来ふっつり出なくなった。

お梅さんの話のあとに「世の中にお化けなどがあるものかと云うお方もありますが、私はこのお梅の姿は確かに見たのでございます」と念押しまでしている菊五郎のことだ。いかに流行に敏感でも、例の神経病説ばかりは得心《とくしん》がいかなかったことだろう。また先に紹介した円朝の口ぶりにしても、幽霊などいないと主張する「開化先生方」への皮肉とからかいに満ちている。芸人特有のへりくだった調子で、「へへ、それでも幽霊はきっと出ますよ」とペロリと舌を出してみせた具合だ。現に引き続いて円朝が登場させた豊志賀《とよしが》の亡霊は、聴衆を思うさま震え上がらせた。「神経」を頭にいただいた『真景累ヶ淵』にしたところが、神経病などという無粋なものの入りこむ余地はまるでなかった。文明開化の世になったからといって、あえなく姿を消してしまうほど幽霊はヤワではない。菊五郎や円朝の描き出す幽霊がそれを見事に証明してみせた。

『木間星箱根鹿笛』が「神経病の怪談」とか「神経病の二番目〈世話物〉」とかいう通称で呼ばれるからといって、「幽霊が実は神経病だった」という話だと早合点してはいけない。神経病は、キワモノならではの派手な看板に過ぎなかった。むしろ「進歩的な人は神経病のせいだというけれど、でも、幽霊はいますよね」という、「でも」の上に成立した芝居だった。そもそものことの起こり、九郎兵衛がおさよを殺す場面でのやりとりがこうだ。

九郎兵衛　其幽霊で名の高い累やお岩を音羽屋が芝居で見せた昔でも、野暮とお化《ばけ》は箱根から先と極《きま》った山境《やまざかい》、（略）元の亭主のこの己《おれ》が、引導渡してやろうから、開化の世界に開けねえ、極《きま》り文句で柳の下、化けて出ようの根もうのと、余計なごたくをつかねえで、賽《さい》の河原や小地獄へ行くに便利な山中で、勝手に往生しやあがれ。

おさよ　幽霊などはないものと、開化のお人が言おうとも、無念と思う一念をやわか残さで置くべきぞ。

「開化の世界に開けねえ」と九郎兵衛が馬鹿にするのに対し、死を前にしたおさよは「開化のお人」がなんと言おうとも「無念と思う一念」をこの世に残してやる、と決意表明をする。実はこのせりふこそがこの芝居のテーマそのものであって、芝居がいよいよ核心に向けて展開していくことを告げる高らかな宣言でもある。なるほどおさよの一念は姿そのまま幽霊となって出現し、九郎兵衛を夜な夜な苦しめる。

ただし誰にでも見えるわけではなくて、見える人と見えない人がいるのが重要なポイントである。

「かく物《もの》したるは、当時の俗開明の世に化物などある可《べ》き筈《はず》なく、皆是《こ》れ神経病なりと言い消し、女子供に至るまで幽霊皆無説に傾むき居たればなり。されば機敏なる河竹はここに目を付け、病者の外に幻影せざる化物を出し見んと深刻なる想を練り」（『続々歌舞伎年代記』）

「この開明の世の中に化物なんかいるはずがない、ぜんぶ神経病のせいだ」と猫も杓子も言うけれど、それにしたって当人の目に化物が見えることには違いないじゃないか。ならば当人の目にしか見えない化物を出してやれ、というのが黙阿弥のたくらみだ。いっぽう神経病説の権化のような人物として、九郎兵衛の弟与七を登場させた。

九郎兵衛　中有《ちゅうう》に迷うおさよの亡念、恨みを言いに来る筈だ。

与七　なに、恨みを言うとは。
九郎兵衛　毎晩寝るとおさよが来て、己が殺した恨みを言う。
与七　それはお前の気の迷い、恨みを言いに来るだろうと、思う心に見えるのだ、悪いと知ったら念仏でも、毎晩唱えてやんなせえ。（ト時の鐘、）おゝ秋の日の釣瓶落し、もうあの鐘は入相《いりあい》だ。
九郎兵衛　それでは今に、もう暮れるか。
与七　ランプの支度をせずばなるまい。
九郎兵衛　あゝ灯りが付けば目の先へ、
与七　見えるというが心経病。

もちろん与七にも、それから祈禱にやってきた坊主の願哲たちにも、おさよの姿はまるで見えない。ただし願哲たちは与七に比べて「開けていない」せいか、見えない幽霊の存在を認めるのにやぶさかではないようである。

九郎兵衛　其所《そこ》に居る幽霊が、おめえ達には見えねえか。
願哲　いや、私等が目には、
四人　見えませぬ。
与七　なにそんなものが見えましょう。見えるというが心の迷い、心経病でございります。

九郎兵衛　何で己が迷うものだ。それ〳〵婆あさん、お前は一つ内に居たから、手を取って引張るぜ。

つめ　えゝ、気味の悪い。（ト手をふるい、）気のせいか冷たい手で、引張られる様だった。

願哲　開化の人はないというが、こうして見ると、

四人　あるようだ。

観客たちは九郎兵衛の「見える」視点と与七たちの「見えない」視点とをたてつづけに体験することになる。しかしすでに九郎兵衛と一緒におさよの幽霊を目撃してしまった以上、「開化の人はないというが……」のせりふに共感せざるを得ないだろう。それに左團次扮する九郎兵衛の憔悴《しょうすい》ぶりがひときわリアルだっただけに、判でおしたように神経病神経病と繰り返すばかりの与七は、いくらか滑稽にも見えたのではあるまいか。しかもこの与七と、ほかならぬおさよの幽霊とを同じ菊五郎が演じているのは、実に歌舞伎らしいしゃれた趣向である。

与七　応挙が画《か》いた絵空事、幽霊などというものは決して世界にないものだ。恨みがあるから出るだろうと、思う心の迷いから夢ともつかず幻に、目先へそれが見

えるのは、是が所謂《いわゆる》神経病、年は取ってもお前などは稍《やや》ともすると旧幕の時分はこうだのああだのと、頑固と言わるる士族故、絵空事の幽霊が恨みを言いに出るなどと、よく旧弊を言いなさるが、当時六つか七つになる学校へ行く子供等は、幽霊などは無きものと仏徒の説を見破って、お前の様な者はない。

九郎兵衛　手前は開化の世に泥《なず》み、翻訳本の拾い読みに西洋がって無いと言うが、人の恨みに幽霊のないと言われぬ其《その》証拠は、後ろにおさよが立って居るが、手前の目には見えねえのか。

与七は武士だった過去をすっぱり捨て、茶商人として地道に生きていく覚悟を決めた。店は相応に大きくなり、まさに新しい時代の波にうまく乗りかかったところ。バタくさい本も読みかじり、舶来最新の情報も身につけた。かたや「旧幕の時分」のしっぽをくっつけた兄は、無為徒食であるばかりか「絵空事の幽霊」が出るといって騒ぎ立てている。弟にとっては今や六つ七つの子供より始末の悪い存在にしか見えない。黙阿弥が「開化」と「旧弊」との対比を、兄と弟に託してうまく描きだした。「手前の目には見えねえのか」という九郎兵衛の主張と「是が所謂《いわゆる》神経病」という与七の主張とは、いつまで経っても嚙み合うことがない。

その真ん中に堂々たる存在感で座っているのが、おさよの幽霊だ。ただし九郎兵衛には見えて与七には見えない。その境目はなんだったたか。またしても円朝にご登場願おう。

詰《つま》り悪い事をせぬ方《かた》には幽霊という物は決してございませんが、人を殺して物を取るというような悪事をする者には必ず幽霊が有りまする。是が即ち神経病と云って、自分の幽霊を背負《しょ》って居るような事を致します。例えば彼奴《あいつ》を殺した時に斯《こ》ういう顔付をして睨《にら》んだが、若《も》しや己《おれ》を怨んで居やアしないか、と云う事が一つ胸に有って胸に幽霊をこしらえたら、何を見ても絶えず怪しい姿に見えます。

なんのことはない、幽霊も神経病も、おなじみの「因果応報」の原理へとループを描いていく。幽霊は人が自分の胸の中に「こしらえる」ものだ。それを神経病と呼びたければ呼んでも構わない。いずれにしたって人の思いが幽霊となって目の前に現れるのには違いがない。とりわけ人の恨みは執拗《しつよう》にからみついて悪人を追い詰める。幽霊がこの世から決してなくならないのは、人が人を恨み続けるからだ。してみれば、やっぱり幽霊より人が怖い。

とびきり怖い幽霊を作り出した菊五郎も円朝も、そのことをよく知っていた。人間の心の中をのぞきこむ名人たちは、「開化先生方」なんかよりもずっと深く鋭く、人の世の奥底に流れるものを感じとっていた。

第二章　明治の闇には悪女がいる

金井お粂（『月梅薫朧夜』）

高橋お伝は妖怪か――『綴合於伝仮名書《とじあわせおでんのかなぶみ》』(明治十二年)

女の犯罪、ことに凄惨な殺人事件と聞いても、いまではとりたてて珍しいという気はしない。とはいえいったん女が犯人となれば、テレビや週刊誌は明らかに犯人が男のとき以上の好奇心を剝《む》き出しにして、中学の卒業写真から愛用のブランド品まで、およそ事件とは関係のない情報も手柄顔で掘り出してくる。いまもって女の犯罪というだけでニュースの値打ちがぐっと上がるわけだ。まして女が社会の表舞台に現れることのなかった時代となればなおさらだろう。

高橋お伝。明治十二年(一八七九)に強盗殺人犯として処刑された。金のために色仕掛けで多くの男たちをたぶらかし、あげくの果てに愛人のノドを剃刀《かみそり》で切り裂いて殺害した。有名な首斬《くびきり》浅右衛門に首を刎《は》ねられたが、これが日本史上最後の斬首刑だった。死後に陰部が切り取られて標本になり、東大医学部にひっそりと保管されている。その異常な形態には淫乱の相がはっきりと表れている――。

血にまみれたまがまがしいエピソードとともに語られ、実に妖怪じみた扱いを受けてきた。しかし上州群馬は下牧村出身の高橋伝が、まさかに妖怪だったはずはない。

高橋お伝=極悪非道の毒婦というイメージは、主に仮名垣魯文《かながきろぶん》の書いた合巻『高橋阿伝夜叉譚《たかはしおでんやしゃものがたり》』が作り上げたものだ。お伝の処刑されたのが明治十二年の一月末で、なんと二月中旬には初編が売り出されたというから、まさに出版界のキワモノ中のキワモノだ。「板下纔《はんしたわず》かに一昼夜に成り、彫《ほり》も又三日を待たず」（第三編下之巻）という文字どおりのやっつけ仕事だったが、これが「発兌《うりだし》の初編三千部」（第二編中之巻）とも「四五千部を売尽した」（野崎左文「『高橋阿伝夜刃譚』と魯文翁」）ともいわれる売れ行きとなった。その後二ヵ月かけて、全部で八編まで刊行された。ざっと平均すれば一週間に一編のペースだから、文字どおり週刊誌感覚で、次号発売を待ちかねる人々の手に渡っていった。そもそもお伝の母親の不倫にまでさかのぼって説き起こし、淫蕩《いんとう》邪悪な血を開花させたお伝が、男たちを渡り歩きつつ犯罪を重ね、ついに処刑されるまで。波瀾万丈の一代記が絵も文章も芝居っ気たっぷりに仕立てられている。山田風太郎『警視庁草紙』の「妖恋高橋お伝」などはこの末裔にあたるといっていいかもしれない。

　国語の教科書では合巻は文学作品の一種だと教わるが、文字ばかりがびっしり並んだ現今の小説を思い浮かべてはいけない。むしろ見開き二ページいっぱいに描かれた絵の方が主体で、本文はその余白に割り込んだ解説に過ぎない。当然読者の視線の大半は絵の方に注がれる。大画面の絵によって眼からダイレクトに飛び込んでくる物語は、文章を読まなくても誰にでもたちどころに理解でき、なにしろ強烈なインパクトをもっていた。密通、殺人、裁判、首切り場などのいかにも野次馬の興味を惹《ひ》きそうな場面に加えて、最後にはお伝の豊満な遺体の解剖シーンまで描かれている。

　もとよりこの本は正確な報道を意図して書かれたルポルタージュではない。例えば実際にはお伝の夫波之助は病死しており、少なくとも形の上ではお伝は妻としてその最期をみとったことになる。しかしこの本では「遅かれ早かれ冥途の旅、長く苦痛をさせぬが情合《じょうあい》」とばかり、寝入った波之助の首に手拭を巻きつけて「グッと締めつけもがきもやらせず、膝にひッ敷きあまたたび、締めるに息は絶え果てたり」とむごたらしく絞殺したことになっている。これにとどまらず、現実に起こったのは被害者一名、ただ一件の殺人事件だったのが、ここでは賭博、売春、詐欺、窃盗、恐喝、暴行傷害、殺人未遂、殺人、死体損壊と、お伝が直接関与していないものも含めて、ありとあらゆる犯罪で紙面がはち切れそうになっている。花が聖女の遺徳を飾り立てるように、どす黒い犯罪で埋めつくすほどお伝の毒婦ぶりが引き立つということだろう。

要するに作者が腕にヨリをかけて嘘を織りこんだ連続娯楽読み物だった。だから売れ行き好調とみるや、泥縄《どろなわ》式に予定外の続編刊行が決まった。おかげでお伝の行くてには入れ替わり立ち替わり新しい人物が姿を現し、いかにも説明的なシーンがあわててそれを追いかけることになった。実際の事件は最後にほんのちょっと顔を出すだけのちっぽけなタネに過ぎなかった。ところが読者の方はそこまで気が回らない。迫力満点の絵に見入っているうちに、魯文や絵師守川周重《ちかしげ》の筆が作り出すお伝のイメージが頭の中にすっかり移植されてしまう。おかげでお伝は、悪辣《あくらつ》で、狡猾《こうかつ》で、ふてぶてしい、けれどもこのうえなく妖艶で、たいていの男が籠絡《ろうらく》される色気たっぷりの大悪人ということに相場が決まってしまった。後に魯文は罪ほろぼしのつもりか、お伝の三回忌を機に新しい墓碑を建て、ごていねいに

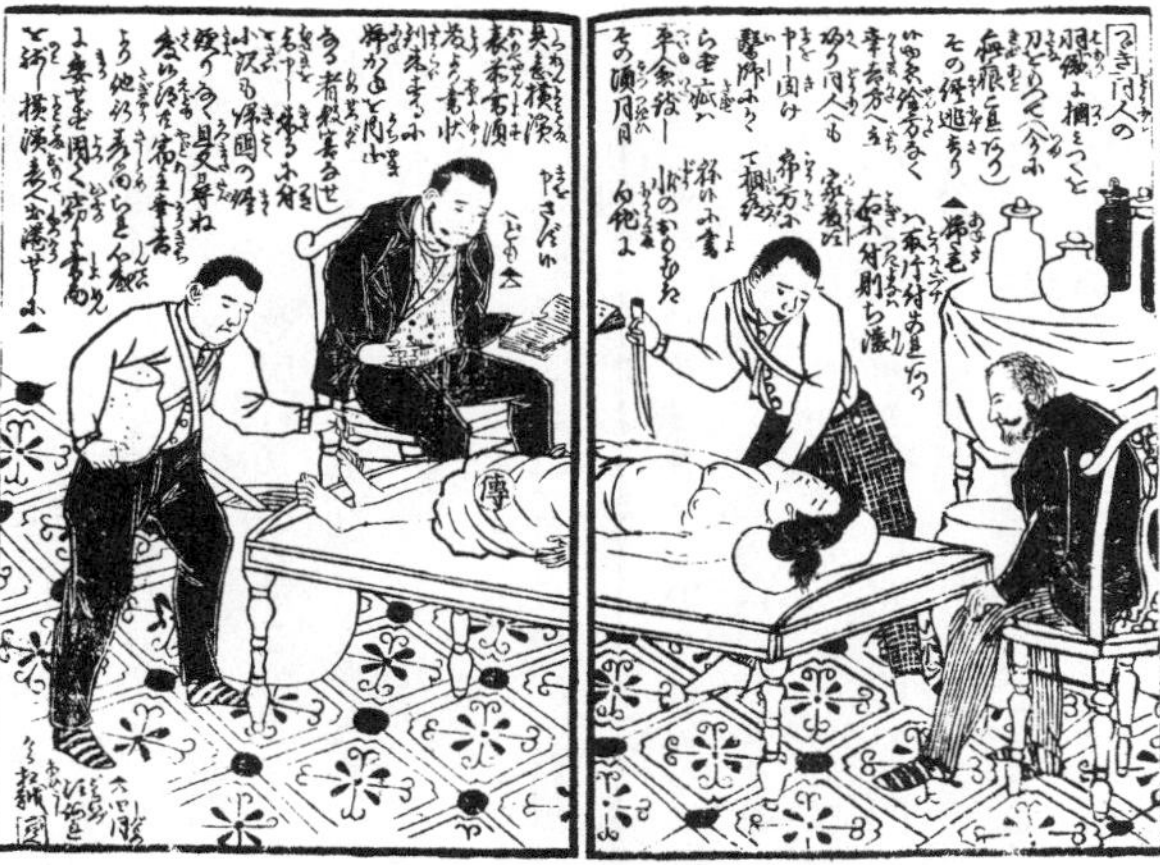

『高橋阿伝夜刃譚』お伝解剖の場面（国文学研究資料館蔵）

「しばらくも望みなき世にあらんより渡し急げや三途《みつ》の河守」と辞世まで代作して刻んでやった。しかし筆の力は恐ろしい。すでに世間では『夜刃譚』どおりのお伝像がすっかり出来上がっていた。

大悪人となれば、死に際でも、また死んでからでも大いに話題を提供する。事件発生から二年半経った明治十二年一月三十一日、市ヶ谷の警視庁囚獄署第二支署内で斬首刑に処せられた。立会人は大警部囚獄署長安村治孝、執行人は由緒正しき首斬浅右衛門の名を継ぐ八代山田朝右衛門吉亮《よしふさ》。この吉亮へのインタビューが残っている。

押え人足が左右から押えると、後の一人がおでんの足の拇指《おやゆび》を握っています。これは向こうへ首が伸びるようにするためです。いよいよとなると、「待ってくれ」といいます。何を待つのかと思っていると、情夫に一眼逢わせてほしい、と頼むんです。「よし逢わせてやろう」といいながら、聞届けられるものではないから、刀に手をかけると、今度は急に荒れ出して、女のことだからキャッキャッと喧《やか》ましい。面倒なので検視の役人に告げようとすると、安村大警部が首をふって居られた。そこで懇々とその不心得を説いて斬っちまいましたが、斬り損ねたので、いよいよ厄介でした。死ぬ間際までその情夫の名を呼びつづけていました。

（『明治百話（上）』）

ここでは詳しく語られていないが、お伝の処刑は世にも凄惨な光景を呈した。人足の男たちを振り回すようにお伝が暴れるので、さすがの朝右衛門も手元が狂い、第一の刀はお伝の後頭部にめりこんだ。コツという音がして鮮血が噴き出す。お伝は動物のように叫び狂い、続いて振り下ろした第二の刀は首筋をそれて顎《あご》を切りつけた。とうとう最後には、漆喰《しっくい》で固めた血だまりの穴に折り重なるようにしてお伝を捻じ伏せ、刀を首に押し当てて力ずくで掻き切った。不測の事態とはいえ、朝右衛門一代の不覚だった。

日本で公式に斬首刑が行われたのはこの日が最後であり、ほどなくして斬首刑制度自体が廃止された。だから俗説ではお伝が日本最後の斬首だったということになっているが、詩人横瀬夜雨《やう》の書いた『太政官時代』によれば、その日お伝のあとにもう一人女が首を刎《は》ねられたという。しかしそんな小さな事実にこだわるよりも、お伝を飾りたてる派手なエピソードは一つでも多い方がいい。そうした世間の無言の要求を飲み込んで、お伝は栄えある「日本最後」の看板を背負うことになった。

処刑後の挿話がお伝のグロテスクなイメージをさらに増幅させる。かつて「雨をふくめる海棠《かいどう》ならで　枝に鍼《はり》もつ薔薇花《はないばら》」（『東京各社　撰抜新聞』明一二・五・一〇）とうたわれた美女お伝の死体は、翌日から四日間かけて浅草の警視第五病院で解剖に付された。ちなみに解剖に携わった一人が軍医の小山内建《たてし》で、のちに自由劇場を率いて新劇運動の旗手となる小山内薫の父である。このときにお伝の性器が切除され、標本として今も東京大学医学部に保管されているという。果たしてこの標本が本当に現存するのかどうかはわからないが、解剖に立ち会った高田忠良によると、性器の解剖は「別段学術上資料といった意義のあることではなく」「序《ついで》に演《や》ったに過ぎ」なかった（『明治開化綺談』）。しかし場所が場所だけにお伝をいろどるエピソードとしてはうってつけだった。検視結果は「小陰唇異常肥厚、陰梃異常発達」。これこそお伝の「多情」を明白に表す「淫婦の証」であるという談話がまことしやかに流れたが、これをひらたく言えば「大学にその一部が切取ってあるんだそうですが、男なら誰でもよいという女だったんだそうですね」（『幕末明治　女百話（下）』）という噂話になる。局部の形態が如実に犯罪者の性格を表すという科学的所見はさぞや人々の興味をそそったことだろうが、要するに江戸時代には「前世からの因縁」で説明されていた事柄が、医学や解剖学の名を騙《かた》る怪しげな言説にとってかわられたに過ぎない。

お伝の頭蓋骨が浅草の富田清という医者のもとに秘蔵されていたという話も伝わってい

る。処刑から十一年後、お伝の最後の情夫だった小川市太郎が出家した姿で富田を訪ね、後頭部に刀傷の残る頭蓋骨を抱いて涙ながらに過去を物語ったという。漢学者の依田学海《よだがっかい》が大和新聞の記事として『学海余滴』に書き残しているが、ちょっとできすぎた後日譚で、マユツバの感が拭えない。

ことほどさように、お伝にはグロテスクな都市伝説が幾重にもまとわりついている。いったい高橋お伝とは何者だったのか。

そもそもわれわれの関心は菊五郎の演じた高橋お伝にあるのだが、少なくともお伝の行状を知らないことには話が進まない。あらためてお伝の事件をおさらいしておこう。

夫波之助にハンセン病が発病したため、お伝夫婦は故郷の下牧村を出奔《しゅっぽん》、横浜で暮らすうちに波之助は病死した。お伝は上京して小川市太郎と同棲するが、借金が重なって古着商の後藤吉蔵に金策を依頼した。明治九年（一八七六）八月二十六日の夜、二人は「内山仙之助、同人妻まつ」という偽名を使って浅草の宿屋丸竹に宿泊。お伝は就寝中の吉蔵の喉を剃刀で切り裂いて殺害、現金十数円を奪った。翌日お伝だけが宿を出てそのまま帰らず、宿の女中が惨殺死体とお伝の残した書置《かきおき》を発見した。お伝は三日後の八月二十九日に逮捕される。

裁判所の判決文によると事件は単純明快である。「徒《いたず》ラニ艶情ヲ以《もっ》テ吉蔵ヲ欺《あざむ》キ賊ヲ図ルモ、遂《と》グル能《あた》ハザルヨリ、予《あらかじ》メ殺意ヲ起《おこ》シ、剃刀《かみそり》ヲ以テ殺害シ財ヲ得ルモノト認定ス」。色仕掛けで金を得ようとしたが失敗し、殺したうえで金を奪った。つまりはごく単純な、金目当ての殺人に過ぎなかった。

　ところがお伝自身の申し立てによると、話は大幅に変わってくる。逮捕後の取り調べでお伝が供述した内容はこうだ。

　お伝夫婦が上京した後、ある日神社参詣の途中でかねという女と出会った。話をするうちに二人がともに旧沼田藩家老広瀬半右衛門の落としだねであり、かねはお伝の異母姉にあたることがわかった。かねを頼って横浜で夫の療養を続けたが、かねを囲っていた内山仙之助が言い寄ってくるようになり、ある日仙之助から届けられた薬を飲んだ波之助が急死。お伝は再び上京したが、その後かねも仙之助に殺されたとの噂を聞いた。やがて小川市太郎と暮らすようになったが金に行き詰まり、人から後藤吉蔵を紹介してもらった。会ってみるとこれが名前を変えた仙之助で、お伝は姉の死について詰問したが要領を得ず、せめて姉の持っていた形見の短刀を返すように申し入れた。短刀の受け渡しのためにやむなく同宿することになったが、翌日になって突然吉蔵が刀で襲いかかってきた。もみあううちに刀が吉蔵の首に刺さり、深手を負った吉蔵は自分で喉を突いて死んだ。はからずも夫や姉の敵討ちを果したので、書置を残して一時身を隠した――。

　その書置の文面が伝わっている。


　此ものに五年いらい姉をころされ其《その》うへ私までひどうのふるまひうけ候へどもせん方なく候まゝ今日までむねんの月日をくらし只今姉のかたきをうち候也今ひとたび姉のはかま

ゐりいたし其うへすみやかになのり出候けしてにげかくれるひき(ょ)うはこれなく候此むね御たむろへ御とゞけ下され候　かわごい生れの　まつ

(『東京絵入新聞』明一二・二・一八)

(この者に五年前に姉を殺され、私まで非道な振る舞いを受けたが、どうすることもできずに今日まで無念の月日を暮らしてきて、今ようやく姉の仇を討った。いま一度姉の墓参りをした上ですみやかに名乗り出るので、決して卑怯に逃げ隠れるのではない。このことを御役所へお届け下さい。川越生まれのまつ)

判決では、現場の状況から吉蔵が自殺したとは認められないこと、また異母姉の存在した形跡がまったく見当たらないことから、敵討ち云々は自分の犯意を隠そうとする言い逃れに過ぎないと断言されている。

いかにもすぐバレる稚拙な嘘だった。とはいえ、妙に要領よく書かれた書置の文面も含めて、お伝の作り上げたチャチなストーリーの面白さときたらどうだろう。なにしろ歌舞伎そのまんまなのだ。

神社の境内に主な登場人物が出揃うのは序幕にお定まりの場面だ。ここで主役のお伝とその姉が出会い、ひょんなことから二人とも御家老様の落としだねだったという因縁が明らかになる。難病の夫を抱えて苦労するうちに夫も姉も憎い敵役の手にかかるが、やがて名前を変えて暮らしている敵役に偶然めぐり逢う。いったんは身を任せるふりをして大事な短刀を取り戻そうとするが、お約束の殺し場となって、首尾よく敵討ちを果たして大団円。芝居ならば、お伝が元の家老のお嬢様におさまって「めでたいのう」となるところだ。

芝居好きから見ればあまりにも古風に過ぎて、微笑《ほほえ》ましいような筋立てである。お伝が身に余るほどの大きな嘘をつく必要に迫られたとき、とっさに取り出したのは歌舞伎でおなじみの道具立てだった。『夜刄譚』には、お伝の母親お春が田舎芝居で「だんまり」を見物する場面も描かれている。歌舞伎の物語世界は、たとえ田舎にあってもたいていの人が聞きかじって知っていた、時には実際に見て体験することもできた、当時には数少ないフィクションでありファンタジーだった。芝居は現代のわれわれが思う以上に深く強く、人々の発想や感情といったものの中に根を張っていた。つまりは歌舞伎で延々と繰り返されてきた、この手垢にまみれた筋立てこそが、お伝にとってはほとんど唯一の世界観というものだったのかもしれない。

さてそれでは、本物の歌舞伎『綴合於伝仮名書《とじあわせおでんのかなぶみ》』の方はどうだったか。『綴合於伝仮名書』は『夜刄譚』に遅れること三ヵ月余り、明治十二年五月二十八日に幕を明けた。草津温泉をふりだしに、お伝が横浜、東京と漂流しながら殺人へと至り、裁判で刑に服するまでの物語。「さては今のは夢であったか」の「夢さめ」、隣家から聞こえるという設定の浄瑠璃にのせて芝居を運ぶ「余所事《よそごと》浄瑠璃」など、歌舞伎におなじみの手法がほどよく盛り付けてある。

『高橋阿伝夜刃譚』と、同じくお伝事件を題材にしたライバル合巻『東京奇聞』（岡本起泉著）とを折衷して仕組んだ、と『東京新聞』などには書いてある。あのベストセラーの舞台化とあれば、さぞや毒々しいキワモノならぬゲテモノ歌舞伎だったに違いないと想像してしまうが、台本を読めばそうではないことがすぐわかる。実はこの歌舞伎は合巻の舞台化ではなく、その頃メキメキと勢力を伸ばしつつあった新聞をネタ元にしていた。

それまでにも新聞記事を芝居に仕組んだ例はあったが、ごくごく小さな記事を断片的に取り入れるか、あるいは単に「新聞種」というのを宣伝文句に利用するだけのことだった。しかるに「新聞記事をそのままに脚色し、際物的に興行したるは、実にこの狂言がはじまりなり」と『続々歌舞伎年代記』は書いている。もっとも新しもの好きの大阪にはいち早く『早教訓開化節用《おしえぐさかいかせつよう》』（巡査錦織熊吉の矢場女殺し、明治八年）のような例があるのだが、少なくとも東京の大劇場では、特定の事件についての新聞報道を本格的に舞台化した画期的な作品だった。

明治前期の歌舞伎にはハイカラな狂言回しとして新聞がしばしば登場し、その名もずばり『東京日日《にちにち》新聞』という演目があるくらいだ。もちろん『高橋お伝』にも顔を出していて、下牧村のお伝の実家では人々がさかんに新聞を話のタネにしている。

「この間兄さんから郵便で来たその手紙に、病いが治って帰る時、東京土産に新聞を買って行ってやるとあった故」。新聞は東京土産に買って帰るものだった。

「どうしておれに読めるものか、戸長殿から借りて来て毎晩お梅によんで貰い、親孝行や主

『東京奇聞』錦絵（早稲田大学演劇博物館蔵）

人に忠義、人の教えになる事を、おれもよっぽど知って来た」。あるいは土地の顔役の家から借りてきて、学校に通う娘が無学な父親に読んで聞かせるものだった。

ただし新聞に書いてあるのは「人の教えになる事」ばかりではない。「昔と違って近頃では、変ったことがありますと、直ぐに新聞へ出まして、東京は勿論国々へまで良いも悪いも知れますから、間違いがあっては往生さ」。良い評判も悪い噂もあっという間に広めてしまう。どちらかといえば、人はいつの世も悪い噂の方を聞きたがる。「新聞紙は早学問、人を知識に導いてこの上もなけれど」と、ほかならぬお伝が言っている。「孝行や忠義な者の美事のみを、褒める者は稀にして、盗賊姦夫《かんぷ》の事柄を悦《よろこ》んで見るその中に」。美談よりも事件やゴシップ、スキャンダルこそがお慰み。新聞読者の本質をそう看破したお伝自身が、人々に「悦んで見」られる、とびきりの「盗賊姦夫」だった。このお伝を抜け目のないキワモノ歌舞伎が見逃そうはずがない。

渡辺保『黙阿弥の明治維新』は「今読めば『高橋お伝』は失敗作であり、愚作である」と断言している。なるほどその通りで、これという劇的な盛り上がりや深みのある情景描写に欠けている。登場人物の本心や性格が曖昧で、行動にも観客を納得させるだけの必然性や合理性がない。要はその場その場で話の筋を組み立てるのに汲々としているのだ。

お伝の逮捕以降、取り調べの様子などを伝える新聞報道はポツポツと続いていたが、いよいよ死刑が執行されたとなると、お伝事件への関心はいやが上にも高まった。どの新聞を開いても、お伝の半生や事件解説の特集記事を見ない日はなかった。あまつさえ出版界では『夜刃譚』が大ヒットした。興行師としてもこの機を逃さず幕を明ける必要があった。歌舞伎版『高橋お伝』の戯曲としてのぎごちなさは、日々次々に現れた新聞記事を大急ぎでとりまとめ、ツギハギしてみせたことによる当然の結果とはいえないだろうか。

波之助の死にしてからがそうだ。現実の波之助は病死したが、合巻や俗説ではお伝の手で絞殺または毒殺されたことになっている。一方、歌舞伎の波之助はお伝に手渡された水薬を飲んで死ぬのだが、奇妙なことにこれが計画的殺人であることを示す場面や描写はどこにもない。しかも波之助は欲張ってお伝に指示された分量の二倍の薬を飲んでいるし、証拠となるはずの残りの薬はみんな畳にこぼれてしまっている。波之助は死に際に「私を毒にて殺す気で、飲ませおったに違いない」と訴えるが、義侠心から夫婦の面倒をみていた清五郎親方は「薬違いということも、世間に多くあることとゆえ、めったなことは言わぬもの」「なかなか当時の御政事では、毒薬などを売買するは厳しく禁じてあることゆえ、配剤しよう筈がない」と、それをたしなめ反論する。もちろんどこから見てもお伝が限りなく疑わしいのだが、なぜか決定的な記述が見当たらないばかりか、かえってその反証となるような事柄をわざとちらつかせているようだ。なぜか。実際お伝が波之助を殺したという証拠はどこにもない。それどころか、そもそも表向きお伝にはそんな容疑さえかかっていなかったからだ。もちろん芝居のことだから、台本に合巻ばりの波之助殺しを仕組もうと思えばいくらでもできたはずだし、それが見せ場にもなっただろう。しかしあえてお伝の犯行現場を見せるのを周到に避けた。出版の世界ではすでにお伝による波之助殺害が定着している中で、あくまでも「事実」にこだわったのだという作者黙阿弥、あるいは菊五郎なりのアピールだったのかもしれないし、お伝が波之助を殺したのだと信じている大多数の観客を、そうやってケムにまこうとしたのかもしれない。いずれにしても事件か事故か、真相は最後まで宙ぶらりんのままに終わってしまう。いやそういう曖昧で不条理なところが近代的なのだ、というのはいささか深読みに過ぎよう。芝居としてははなはだキッパリしなくなったのは確かで、見ようによっては失敗作と言われてもしかたのないホコロビである。

しかし興行は大成功だった。「狂言の面白みと俳優の働《はた》らきと両々相待《あいまっ》て間然する所なく、いずれもとりどり好評を得たる次第なり」（『続々歌舞伎年代記』）と、キワモノ中の大当たりとして観客に受け入れられた。もちろんお伝事件そのものへの興味もあるが、菊五郎がどうお伝を演じてみせるかがミソだった。武器になるのは「成るべく事実に違わぬよう」

（同）という音羽屋流のリアリズムだ。なにしろ目と鼻の先で起こったリアルタイムの事件だから、取材源には事欠かない。

まず念を入れたのが裁判所の場面だった。テレビや映画でしょっちゅう見ているから、今でこそわれわれは法廷の風景をかなり具体的にイメージすることができる。しかし当時の人々にとって裁判所は、想像しようにも手がかりさえない未知の空間だった。罪人の裁かれる場所といえば、襖をバックに恐ろしい吟味役が登場するお白洲と決まっていた。黙阿弥が明治六年に『東京日日新聞《にちにち》』を書いたときは、どうしても裁判の場面を出さなくてはならないのだが、裁判所の様子がまるでわからない。やむなくそこだけ夢の中ということにして、舞台を昔ながらの鎌倉問注所にしてしまった。菊五郎も同じようなものだった。一度は「昔風に奉行所の白洲にては面白からず」（同）と考えたそうだから、『遠山の金さん』のようなお白洲にしずしずと高橋お伝が登場してくるという可能性も、逆に言えばほんの少しはあったわけだ。

しかし持ち前の行動力がそんな不精は許さない。黙阿弥と大道具の長谷川勘兵衛を伴って、さっそく裁判所の傍聴席に陣取った。建物、室内の造作から囚人の出入り、尋問の様子までを一生懸命に記憶し、その通りに再現してみせた。最後の「東京府裁判所吟味の場」では、玄関、関係者控室、法廷内と、いかにも裁判所めぐりが目的であるかのように、念入りな場面転換が行われる。転換のときには「ラッパの鳴物」が響き渡り、白ペンキを塗りたてたモダンな室内が出現する。中で行われるのはひたすら理詰めの審問である。民尾諭《たみおさとす》（民をさとす）、糾直道《ただすなおみち》（道を正す）、白辺白明《しらべはくめい》（調べは明白）と駄洒落の名をもつ裁判官たちも、せりふばかりは「もはやそちが悪事の罪状、追々確証出でたる上は、所詮叶わぬことなるぞ」とやけに大時代だ。ただし昔の奉行所とはすっかり様子が違っている。

「以前であったらこれまでに、箱に掛けられ石を抱かされ、手ひどい責めに逢うところを、今開明の世の中に拷問ということはなく、ただ調べにて責めるのを」

「いくらお前が偽っても、きっとした証拠があれば、白状せずとも御所刑になる証拠裁判」と、裁判の人道的かつ合理的なことがしきりに宣伝されている。拷問の代わりに法律、つまり言葉と論理で悪人を追及する裁判所は「開明の世の中」の象徴だった。その白ペンキの開明の空間に立ちつくし、裁判官を相手に芝居もどきの嘘を語り続けるお伝の姿を、菊五郎はどのように描き出そうとしたのだろうか。

　菊五郎の周りには生のお伝の姿を実際に見た者がたくさんいた。後に名人といわれる四代目尾上松助もその一人だ。

「何しろおでんという女は、その当時新富町に住んでいたんですから、当人を見た人が沢山あっただけに、凝り性の師匠〈菊五郎〉は、おでんの住んでた近所へ行って様子を聞いたり、情夫《いろ》の小川市太郎に会ったりして、随分工夫を凝らしました。私も一度、たばこ屋から出て来るところを見たことがありましたがね。どうしてなかなか、毒婦なんて恰好の女じゃありません。しとやかな御新造風の人でしたよ」（『松助芸談　舞台八十年』）

　ちなみに小川市太郎については、「今から考えると、なんでも大変新しい人でしたよ。おでんのことを話すのに『彼が彼が』って云ってましたからね。その時分こんな言葉を使う人は、滅多にありゃァしませんでした」。いかにもキザで上っ滑りした男の姿が目に浮かぶ。なまじの史料の及ばない貴重な証言というべきだろう。

そうして「お伝の風采、朝夕の挙動」をつぶさに取材した結果、強盗殺人という荒っぽい罪状から想像するような「伝法肌《でんぽう》にいなせ作りの女」とはまるで違うことが判明した。松助の言うように、むしろ「柔順にして規矩《きく》正しき、一見士族の女房風」(『続々歌舞伎年代記』)の女だった。

そもそも菊五郎の芸は、粋で洒脱《しゃだつ》で軽やかで愛敬のあるところが持ち味だった。「伝法肌にいなせ作りの女」ならお手のものだったに違いない。しかしその粋なところをあえて押し隠し、もっさりした「野暮らしく柔和な実明なる婦人」を作り出そうとした。後付けのテクニックをあれこれ工夫するのとは違って、役者個人の身体から自ずと発散される持ち味や個性を消してみせるのは大変に難しい。いわば自分の身体そのものをいっぺん殺さなければならないわけで、役者の仕事としては最も高度なものの一つだろう。

ただし思い切って地味な役作りをしたおかげで、多少の損もしたようだ。菊五郎のお伝が最初に登場するのは、草津温泉の湯治宿の一室である。お伝は一見貞淑な妻として浪之助(実説の波之助)を甲斐甲斐しく介抱している。懐もさびしいし、病人にかかりっきりだから身なりには構っていられない。しかも湯上がりという場面だから、うんと白粉を薄くした素顔に近い化粧で、ごく所帯じみた世話女房というこしらえで登場した。自分とは離縁して再婚せよ、と勧める浪之助に「たとい不孝になりましょうとも、浪之助さんと御一緒に東京へ参りまして、よいお医者にお願い申し、元の体に致しませねば、女子《おなご》の道が立ちませぬ」と立派なことを言うのだが、その裏では金持ちの七蔵（実説の吉蔵）とその妾お種に接近するため、お種のお守りをひそかに手に入れ、自分がお種の妹であるかのように見せかける悪巧みをしている（これも現場そのものが描かれるわけではない）。

このお種を演じたのが八代目岩井半四郎だった。「こいつは春から縁起がいいわえ」でおなじみ、今もしょっちゅう上演される『三人吉三』のお嬢吉三を初演した人だ。目元に独特の愛嬌のある、とびぬけて美しい、というよりは可愛らしいタイプの女形だった。地味でくすんだ世話女房という線はいかにも菊五郎らしいもっともな役作りだったのだが、半四郎が特に若々しい分ワリをくった。「菊五郎も美しいがなにぶん眉を払た年増造り」「半四郎のおかねと姉妹の名乗りのところ、どう見ても妹と見えず」と、必要以上に老けて見られてしまった。

一方、この芝居で予想外の好評を得たのが、浪之助を演じた若き市川小團次である。菊五郎の師匠格だった四代目小團次の息子だ。菊五郎にしてみれば、自分を引き立ててくれた小團次に対する恩返しのつもりで、あれこれと芸の上の面倒をみてやったことだろう。この直前の興行ではイギリス戯曲の翻案物『人間万事金世中《にんげんばんじかねのよのなか》』でお品というハジケた欲張り娘を演じて、芸熱心で大いに売り出した。本作では浪之助の病状の描写にただならぬ熱意を見せた。「立って下手へ行くとき、片足痿《な》えてブラになっているを、当人はさのみ気にもせぬ工《ぐ》合《あい》から、上草履《うわぞうり》の片足はけぬところなど感服〳〵」（『俳優評判記』）と、演じる方も見る方も恐ろしく細かい。薬を飲んで死ぬ場面では「漸次に苦悶の度の加わり行くありさま、さながら実物を見るがごとく」「余りに真に迫り、見物眼を掩《おお》うて見るを厭《いと》いし程なり」と、凄まじいばかりの演じっぷりだった。口やかましい古参の芝居通たちにも、「随分難儀な役廻りなるを、若手に似合わずよく骨折て仕《し》られ升《まし》た。夫故《それゆえ》町中大評判で有升《ありまし》た」「此《この》狂言中一の当り」と絶賛された。父が菊五郎に伝えた徹底的にリアルな役作りの方法を小團次もモノにしたわけだ。

河鍋暁斎に「新富座妖怪引幕」（明治十三年）という怪作がある。酒盃をふくみつつ四時間で一気に描きあげたという、タテ四メートル、ヨコ十七メートルほどの舞台用引幕である。團十郎、菊五郎、半四郎らの人気役者が、ろくろ首、化猫、妖狐といった妖怪変化に見立てて描いてある。ここに小團次は難倫坊《なりんぼう》（ハンセン病患者の俗称）という名で描かれているのだが、手に持っているのは三角形の味噌田楽。つまり「おでん（お伝）を食う」ほどの大当たり、菊五郎を食ってしまうほどの好演だという洒落で、あの暁斎も絵筆によって最大級の賛辞を送った。

この演技に大きなヒントを与えたのが、当時のハンセン病治療の権威、後藤昌文医師だった。後藤主宰の『起廃病院医事雑誌』を編集するなど親密な関係だった仮名垣魯文が、『夜刄譚』の中で「中国にもヨーロッパにも治療法を究めた医家がいないのに、この小国日本で治療に成功したのがかの後藤先生」とばかりに持ち上げている。小團次は後藤に指導を請い、「徴候より既発の模様、病勢の変化は勿論、患者の容体及び動作、変相のいろどり、言舌の運び、箸の持方まで」（『続々歌舞伎年代記』）を克明に模倣した。今日の目からはあまりに単純な物真似芸に過ぎないと言うことができるだろうし、そもそも嘘の固まりである芝居が末梢的な写実ばかりを追求していっても行き詰まるのは目に見えている。といってもそれは二十一世紀現在のわれわれの勝手な言い分であって、いや現在でさえ、自分の体を使って何かを表現しろと言われればとことん反応してしまうのが役者の体というものだし、恐ろしくリアルな演技を見ればホホウと理屈抜きに感心するのが観客の心理だ。あまつさえ見たことのないもの、聞いたことのない情報が次から次へと目や耳に飛び込んでくる明治の世の中に、それをすかさずとらえてまるごと舞台に写し出そうという写実への情熱は、観客と同じ空気を同じリズムで吸って生きている歌舞伎という芸能にとって、なにより重要な武器だった。

　実際のお伝を念頭に置いてあえて地味・野暮を狙った菊五郎の役作りも、もちろん写実を志向したものだった。地味とはいえそこは菊五郎のこと、本来自分の芸風には合わない人物像を見事に演じてみせ、「銘人《めいじん》ならでは為《な》し得べからざる事なり」と喝采を浴びるのに成功した。しかしこのお伝は、それまでの芝居に慣れた観客の目にはいささか特異なキャラクターとして映ったようだ。だいいち芝居の終盤になって七蔵を殺すまでのところは、お伝がちっとも悪者のように見えない。「そこが河竹老人の苦心《ほねおり》と梅幸丈〈菊五郎〉の注意の細《こまか》い所で有升《あります》」とあるように、それが黙阿弥と菊五郎の作戦だったのを、見巧者《みごうしゃ》の連中はちゃんと見抜いていた。

「全体お伝は大くわせ者にて、どう見ても悪いやつと見得なかったそうに御座い升。既に情人《いろおとこ》の吉太郎〈市太郎〉さえ少しも知らぬ位の事で有たと云、其心得が作者と梅幸の腹に有から、斯云工合《こういうぐあい》に見得るので有ましょう」（『俳優評判記』）

「甘《うま》く虚言《うそ》ばかり云て居る所が身上で、妲妃《だっき》のお百や鬼神《きじん》お松抔《など》とは大層心意気の違た物で、只どこともなく感服仕升《しまし》た」（同）

「只どこともなく感服仕升た」。ここがこうだったと、とりたてて説明することはできないが、なんとはなしに感服するほど良かったというのである。つまりは旧来の劇評のフレーズでは表現できないような、つかまえどころのない、分析不能の魅力がそなわっていた。ひと言で言えば「新しかった」ということだろう。具体的にいえば、おなじみの「妲妃のお百」や「鬼神のお松」とはまったくキャラクターの違うところが新しく、また予想外だった。

妲妃のお百に鬼神のお松。いずれも幕末から明治にかけて歌舞伎や講談の世界で活躍した悪女・女賊で、悪事をはたらき、時には刃物も振り上げようというこういう女の役を、歌舞伎では「悪婆《あくば》」という。三日月おせん、土手のお六、うわばみお由《よし》、切られお富などなど、歌舞伎の世界に「男を殺す女」（あるいは「殺しかねない女」）のイメージは事欠かなかった。

なにしろお伝は、所帯持ちの大の男を惨殺して金を強奪した女だ。明治の頃にはもっぱら毒婦という言葉が使われたが、この女を従来の歌舞伎の文脈に沿って処理するならば、やはり悪婆の引き出しに収めるのが一番順当だったろう。「カミソリお伝」とでも名付けて粋で鉄火な年増女に仕立て上げることなど、菊五郎にとっては朝飯前だったはずだ。現にこのあと明治十八年に演じた『切られお富』では、「爰は梅幸《おとわや》の十八番、斯う云事に掛たら天下に敵無《てきなし》、実に面白い事でござりました」（『新報』第五七三号、明一八・八）と、大胆な悪婆ぶりが大好評を博している。

それは作者の黙阿弥にとっても同じことだった。四幕目の「上州富岡小沢店の場」は黙阿弥お得意の「ゆすり場」で、お伝が典型的な悪婆として登場する。お伝は温泉場で知り合った絹商人小沢与兵衛のところに因縁をつけてゆすりに行く。「モシ旦那、そんなに怖い顔をなされずと、いつか一緒に寝たように、笑い顔を見せておくんなさいな」とネチネチからんでみせるのだが、ト書きには「与兵衛に向い、悪婆のこなしにて」とはっきり書いてある。しかし結局この幕はボツとなって興行では上演されず、結果としてお伝がいかにも悪婆らしいところを見せる場面はなくなってしまった。唯一お伝の犯行現場を見せる肝心の七蔵殺しの場面でも、悪婆につきものの派手な啖呵は一切なく、清元の『明烏《あけがらす》』だけが流れる中、無言のまま実にあっさりと殺してしまう。七蔵の死骸を残し、女中をあしらいながら舞台下手へ入って行くお伝の後ろ姿には、いかにもお芝居らしい爽快さをともなう悪婆とは違って、どこか陰鬱で湿った影がへばりついている。

そもそも悪婆の場合には、ゆすりであろうと殺人であろうと、その裏側に明確かつ利他的な目的がちゃんとあるものだ。かつて仕えた殿様のため、あるいは愛する男を救うため。切られお富が「お家のためなら愛嬌捨て、憎まれ口も利かざあなるまい」というように、悪婆にとっての犯罪とは、ある目的を果たすための一時的で現実的な方便に過ぎない。

　ところがお伝の犯行には、そういう大きな目的や動機が見当たらない。もちろん何のためかといえば金のために決まっているのだが、その金の正体とは生活費と少しばかりの遊興費に過ぎなかった。つまりお伝を殺人にまで至らせたもの、言いかえればお伝の執着の対象とは、おそらく自分自身の生にほかならなかった。それは倫理とも愛情とも関係のない、動物的で本能的な、生きることへの執着だった。刑場での凄まじいまでの往生際の悪さがそれを如実に物語っている。それだけ生に執着したお伝が消え失せた後には、小さな肉片、生=性を象徴するその部分だけがこの世に残った。お伝伝説は常に性のイメージへと収斂《しゅうれん》していくが、それはお伝の抱いた生きることへのひたすらな執着と、あるいは表裏一体なのではあるまいか。

　ひたすら自分のために行動する。これが歌舞伎の悪婆とは違う、明治の毒婦の特徴だった。それでいえば、お伝事件の直前に現れた「夜嵐お絹」がこのお伝の係累に当たるだろう。原田絹は歌舞伎役者の嵐璃珏《あらしりかく》と密通し、邪魔になった内縁の夫を「石見《いわみ》銀山ネズミ捕り」の毒薬で殺害。明治五年にやはり首斬浅右衛門の手で処刑された。ちなみに璃珏は犯行を知りながら黙過したという理由で逮捕・投獄されたが、服役後に市川権十郎と名を変えて復帰し、なかなかの人気役者になっている。

　役者がらみの色恋沙汰でもあり、まだしも演劇的要素があるということだろうか。悪婆の伝統にのっとって、原田絹には「夜嵐お絹」という凄みのきいたニックネームが付けられた。ところが一方のお伝は「高橋お伝」と、一貫して本名のまま呼ばれるのみである。このあたりもお伝が旧来の悪婆とは一線を画するキャラクターだったことを示している。菊五郎の視線の先にあったのは、その本名でしか呼ばれることのない高橋お伝の姿だった。魯文の『夜刄譚』とひとくくりにして、歌舞伎の『高橋お伝』も「お伝の虚像の形成にひと役かった」と解説されることがあるが、そうではない。歌舞伎や合巻が本能的にもっていた「話は面白ければいい」という装飾性とはほんの少しだけ距離をおいた、「で、本当はどうだったのか？」という視線がそこにはあった。

菊五郎演じるお伝の悪の個性は、逮捕されてから後の裁判所の場面に異彩を放っている。頑強に犯行を否認し、根も葉もないことをぺらぺらと述べたてる。その中味が余りに真に迫っているので、関係者を呼んで調べてみると真っ赤な嘘ばかり。しかも裁判官にはキョトキョトとたどたどしい答弁をしてみせ、証人に対してはやけにずけずけとものを言う。のらりくらりと言い逃れを続けたあげく、証拠を挙げて追い詰められると「アイタ、アイタ、、、、」と癪《しやく》の起こったふりをする。しまいに「裁判官を馬鹿にして、くの字形に成て手摺に寄掛り、もみ上げの毛をなぶりながら」受け答えをするところなどは、さぞかし客席がどよめいたことだろう。菊五郎のいかにもふてぶてしい演技が話題になり、「村井長庵を女で行《いく》」（『俳優評判記』）と評された。殺しまでは決して尻尾を出さず、地味に内輪に行動してきたお伝が、がらりと一転して憎々しい性悪の本性を現す。あくまでも「決して型にはまりし芝居の毒婦的人がらに非ず」（『続々歌舞伎年代記』）としか見えないお伝だったから、貞淑な女房と見えた女が実はとんでもないくわせ者だったという意外性を芝居として見せるのが、裁判所の場面の眼目だった。

癪はともかくとして、実際の法廷でもお伝は一貫して犯行を否認し、証言を二転三転させては虚偽の申し立てを繰り返した。芝居の中でも「嘘も誠に聞えるように涙をこぼして口説き立て、ホロリと涙を催させる新狂言の筋書は、なかなか芝居の作者などは、お伝には及ばぬ事だな」と皮肉られているが、果たしてどこまでが計算ずくの嘘だったのかはわからない。古くさい仇討ち物のヒロインになりきって、わざわざ芝居がかった書置まで現場に残したお伝のことだ。こずるい悪知恵のはたらく詐欺師めいた嘘つきというよりも、むしろ自意識の肥大した、病的な虚言癖・妄想癖の持ち主だったのではなかろうか。多くの嘘つきがそうであるように、いったん自分の口から出た嘘が、お伝の中では生々しいリアリティをもって視覚化されていた。波乱の人生を生きてきたヒロイン「川越生まれのまつ」の目から見れば、洋服を着てそっくり返り、もっともらしい顔でいちいち反論を仕掛けてくる裁判官たちの姿は、滑稽以外の何ものでもなかっただろう。

今日ではもはや伝説中の人物と化した高橋お伝だが、当時は本人が首を斬られた直後であって、それこそ虚実取り混ぜた怪しい言説がリアルタイムで飛び交っている最中だった。ことの真偽、また芝居としての完成度はさておいて、新聞や合巻といった紙の上を野放図に駆け回っていたお伝のイメージが、菊五郎の身体に一気に集約され、生身の人間として立ち現

『綴合於伝仮名書』裁判所の場（早稲田大学演劇博物館蔵）

れたところに意味がある。菊五郎は、従来の歌舞伎にない新しく珍しいタイプの人間を描き出してみせるのにひとまず成功した。だからこそ観客にうけた。多少のホコロビなどなんのことはない。キワモノとしてはそれで十二分、大成功というものだった。

そう、いかにも法廷のお伝には奇妙なリアリティがある。幼稚な嘘で周りの人間を呆れさせるかと思えば、相手によって巧妙に出方を変えてみせる。開き直るとふてくされる。やりこめられると泣くか倒れる。あ、あの人だ、と誰にも心当たりがあるはずだ。たとえ作品そのものが一流ではないにしても、歌舞伎でこの現代的なリアリティを創出したところには敬意を払っていいだろう。菊五郎は、妖怪でもなんでもない、自分の居場所をなくしてウロウロしたあげく、結局社会からはみ出してしまった一人の女を等身大で描き出そうとした。ほぼ同時に書かれた『夜刃譚』の潑剌《はつらつ》としたワルぶりとはおのずと感触が違っている。

そもそも『夜刃譚』の敷いた路線を勘定に入れずに

事件を振り返ってみればどうだろう。病気の夫をかばうようにして共に故郷を捨て、見知らぬ土地で看病に明け暮れたが、あっさり夫に先立たれた。男に面倒をみてもらうほか、並の女には自分を養う手だてなどない時代だった。不幸にして新しい男も堅実な生活には無能だった。二人でキナ臭い投機に手を出したり、知り合い相手に寸借《すんしゃく》詐欺をやったこともあったらしい。一日一日と食うための借金に追い詰められ、しまいに自分の体も投げ売りした。隣りには酔っ払っていぎたなく眠りこける男、その枕元には小金の入ったカバン——。このうえなく不運にして迂闊《うかつ》な女が、危なっかしく踏みとどまっていた階段をあっさりと踏み外してしまった具合だ。こういう余りにも凡庸な迂闊さからずり落ちるように転落していく女の悲劇は、『嫌われ松子の一生』に至るまでいやというほど描かれてきた。また現にこういう迂闊さゆえに夫や愛人や子供を殺して新聞ダネになる女は今日にも絶えない。ただし「毒婦」だの「高橋お伝」だのという単語がすっかり忘れ去られてしまったがゆえに、そういう単語で事件を表現する人がいないだけなのだ。

芝居の最後、お伝は斬罪を言い渡されると「今日という今日悪い事の、ならぬ道理を知りました」と改悛して刑に服するのだが、これはとりあえず幕を閉めるためのお芝居らしい辻褄合わせに過ぎない。これが歌舞伎版『高橋お伝』の限界だろう。お伝はささやかな抵抗を試みたあげく、唐突に改心してしまう。要するにお伝自身が、明治の社会にとっては、取るに足りないちょっとしたホコロビだった。お伝というきわめて個人的・限定的なケースが、法律と国家によって無事回収され、世は平穏を取り戻すというわけだ。どうにも気に入らない結末だが、いわば『高橋お伝』は前哨戦だったと思って我慢することにしよう。なんの前哨戦だったか。

ここに同じく居場所のない女がもう一人登場する。その名は花井お梅。菊五郎の描き出す「新しい女」は、次の『月梅薫朧夜《つきとうめかおるおぼろよ》』という「ルポルタージュ劇」（『黙阿弥の明治維新』）において独特の迫力を獲得することになる。

居場所のない女――『月梅薫朧夜《つきとうめかおるおぼろよ》』（明治二十一年）

菊五郎の身辺に艶聞というほどの具体的な話は見当たらない。人気役者だからそれはさぞモテたことだろうし、お銀・お梅という二人の妾をもっているのも有名だったが、放蕩《ほうとう》・放埒《ほうらつ》というほどのことはなかったらしい。『演芸画報』には巡業先の山形や岐阜で芸者を口説こうとした話が出ているが、「舞台の上でこそ切れ与三《きらよさ》も、哀れ裏面では玄冶店《げんやだな》の藤八《とうはち》」とオチのつく失敗談ばかりだ。

艶聞というのとはちょっと違うが、『自伝』には「不思議なる女」と題して一風変わった話が載っている。ある日めっぽう美しい十七、八の娘が母親と一緒に芝居を見物していた。あんまり綺麗なので舞台からも目についてしかたがない。楽屋で噂をしていたら、当の二人が前を通りかかったから、そばの者が調子よく菊五郎の部屋に呼び入れた。あれこれ話をするうちに掛物から茶道の話になり、「庭続きも同様ですから是非お寄りなさいまし、一服差上げますから」と菊五郎の自宅の茶室に招くことになった。さて茶室で母子をもてなすうちに、突然母親の方が「急用を思い出した、ちょっと弁天山の親類のところまで行ってくるから少し待っていておくれ」と娘に言い残して出て行く。ところが夜十時頃になっても帰って来ないので、娘に熊吉という男をつけて帰すことになった。午前二時過ぎになってようやく戻ってきた熊吉が首をひねりながら言うには、弁天山に行ったが母親はひと足先に帰ったという。そこで舟を仕立てて家まで送ることになったが、娘にうちを尋ねても「ナニ田舎でございます」と言うだけで、どうしても住まいを言おうとしない。やがて舟を深川の閻魔堂橋《えんまどうばし》の脇へ着けさせたかと思うと、娘は不意に駆け出して姿が見えなくなってしまったという。一向に訳がわからない。翌日芝居茶屋に問い合わせても「貴所《あなた》のところで御存じのお客でしょう、私のところへは初めておいでの方ですから」と要領を得ない。とうとう芝居がハネてから菊五郎自ら深川へ探索に出かけた。当てずっぽうに閻魔堂橋のあたりをうろついたが、もとより何の手がかりがあるわけでもない。夕立ちに遭って全身ずぶ濡れになったばかりで、結局どこの誰やらわからずじまいになった。

艶話とも怪談ともつかない話だが、菊五郎にとってはまんざら無駄足でもなかった。というのは、後に『髪結新三』を初演するとき、舞台上の閻魔堂橋の上手《かみて》と下手《しもて》、実際の地理からいうとどちらから登場するのが正しいかが問題になった。長老格の中村仲蔵は江戸時代の切絵図を持ち出してきたが、現地を実際に歩き回った菊五郎の土地勘は正しかった。仲蔵に「若いに似合わずよく調べ物が行き届く」と褒められたが、バツが悪くてまさかに本当のことは言えなかった。『自伝』の中でも、物でもなんでもちょっと探しかけて見つからないのは気持ちの悪いものでしてね、と頭かきかき言い訳をくっつけている。しかも同じ話が山岸荷葉編『五世尾上菊五郎』では、わざわざ役作りのために現地視察をした手柄話にすり替わっている。若気の至りとはいえ、美人のあとを追っかけてずぶ濡れになった話はよほど照れ臭かったのだろう。

しかしどちらかというと、素人の娘よりは芸者とのつきあいの方が歌舞伎役者にはお定まりだ。女房やお妾を除けば、芸者やお茶屋の女将《おかみ》は菊五郎にとってごく日常的に接する種類の女性だっただろう。その二つ年上の女房お里も、もとは柳橋の芸者だった。ということは、役作りのモデルにも事欠かなかったということだ。そもそも菊五郎の本領は立役だったが、時に演じる女形の中でも、粋できっぷのいい芸者のような役柄は芸風にぴったりだった。さしづめこの『月梅薫朧夜』で演じた金井お粂こと花井お梅がそうだ。

花井お梅は、もとは宇田川屋の秀吉《ひできち》という売れっ子芸者だった。「あたしゃ太閤さんのようになるんだよ」という心意気で付けた名前だ。銀行の頭取を旦那にもちながら、役者の澤村源之助にいれあげた。

あるとき源之助が舞台で芸者の役を勤めることになったので、お梅がその衣裳一切を新調して贈ってやった。ところが源之助はそれをそっくりそのまま、あろうことか別の馴染《なじみ》の芸者にやってしまった。それを知ったお梅は剃刀を逆手に源之助の家へ暴れ込んだが、危険を察して家はもぬけのから。以来源之助とはふっつり手を切った。

しかし源之助の方では、衣裳の一件を誰がお梅に漏らしたかが問題になった。大方これは普段身の回りの世話をしている男衆の峯三郎《みねさぶろう》に違いないというので、峯三郎はクビになる。ある日浮かぬ顔の峯三郎とお梅とがばったり出会う。様子を聞いて「そりゃア気の毒だった。いいからうちへおいでよ」ということになって、お梅のうちにおさまり箱屋の峯吉となった。ただし後の公判でお梅は「父親が独断で雇い入れた」と証言しているのだが、源之助の縁でお互いによく知った間柄だったのは間違いない。

箱屋とは芸者の付き人である。芸者の使う三味線を入れた箱を持ち運んだことから箱屋という。ただし単なる荷物持ちではなく、着付けの手伝い、茶屋との連絡、スケジュール管理など、身辺の雑用も切り盛りした。立派な旦那が遊び過ごした果てに箱屋に身を落とすようなこともあって、人の世の裏も表も知り尽くした、どこか粋な男が多かった。平林たい子の「花井お梅」でも、峯吉が苦み走った影のある男として描かれ、お梅の方が心惹かれることになっている。

明治二十年（一八八七）六月九日の午後十時過ぎ、浜町河岸でこの峯吉（三十四歳）をお梅（二十四歳）が刺し殺した。

このひと月ほど前、お梅は浜町に待合茶屋「酔月楼《すいげつろう》」を開業し、女将におさまっていた。ただし周囲の勧めに押されたままでで、本人はちっとも乗り気ではなかった。しかも店の名義は士族崩れの父専之助のものになっていて、店の経営をめぐって専之助との間にいさかいが絶えなかった。

先の源之助のエピソードでもわかるように、そもそもお梅には激しやすいエキセントリックなところがあり、時折奇妙な行動をしては周囲を困惑させた。裁判でも弁護人が「精神病」による刑の軽減を主張しているほどだ。「一体お梅さんは変な質《たち》で」と、本人をよく知る梅川亭の女将が証言している。

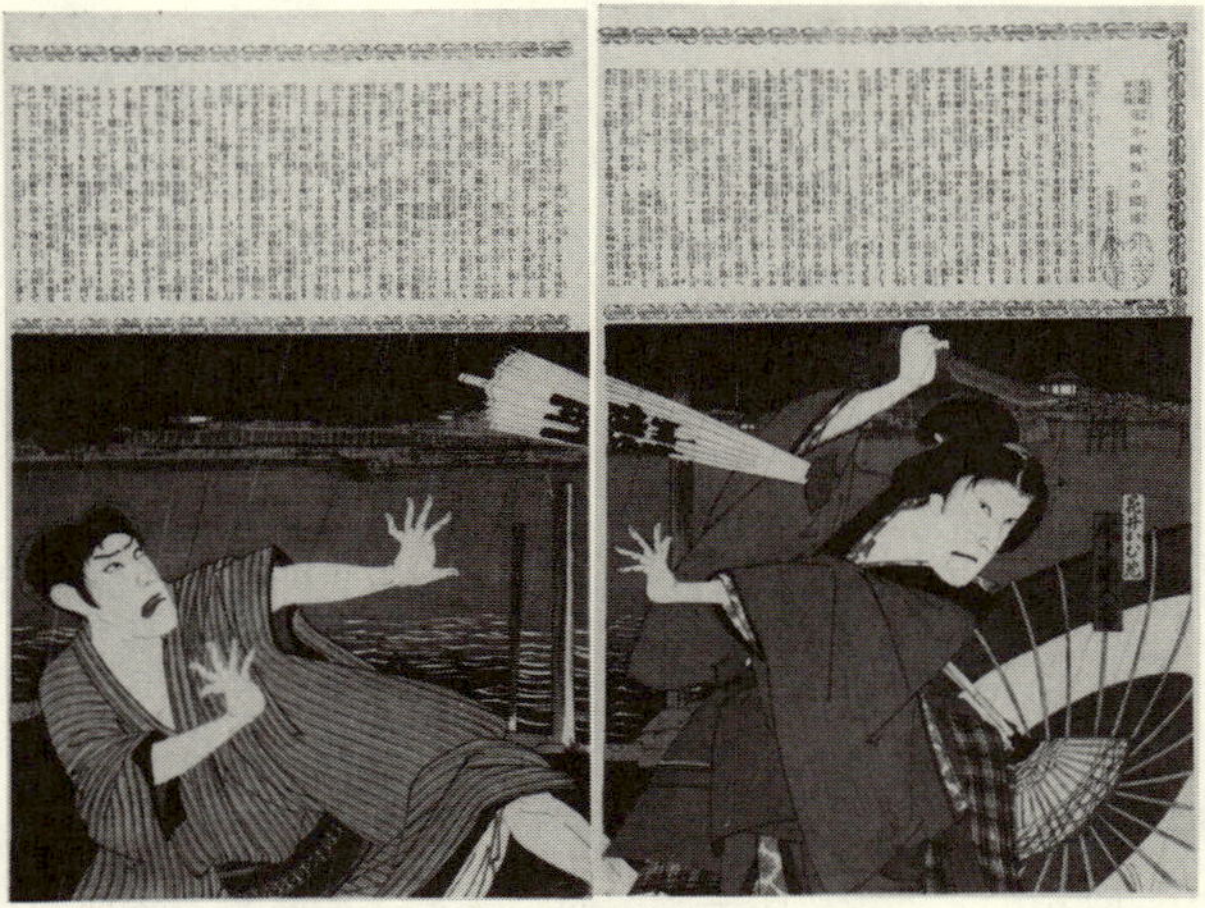

「花井阿梅の略伝」（早稲田大学演劇博物館蔵）

「例えば一座をしていても、その頃では一時間はお客様の前をお離れすることが出来なかったもンでございます。ソレをお梅さんは、いつか居なくなってしまい、池上の曙楼《あけぼののろう》に居るなんて風なんです。またある晩は、お客様のところへ、小間物屋の小僧に小間物を背負わせて来て、お客様を始め芸妓《げいしゃ》衆へ、お前さんへはこれを、旦那にはこれがようござんすと、高価の紙入をあげたり配ったり、吃驚《びっくり》させられるンです。発作なんとかやらで、嚇《かっ》ト逆上《のぼ》せる質《たち》なんでした」

（『明治百話（下）』）

いったんテンションが上がると、どうにも自分を抑えきれなくなって暴走してしまう。面白くないことがあると大酒を飲んでいっそう荒れた。

「その癖顔立《かおだち》といったら、綺麗でいて、こうした女にはエテ険のあるものですが、柔かみのある、スッキリと襟から胸元へかけてなだらかで、よい姿の女でした」

ある日例によって口論の末、業《ごう》を煮やしたのだろう、専之助が休業の札を出して店を閉めてしまった。お梅は家にいたたまれずに着の身着のままで飛び出し、やむなく知り合いの家を泊まり歩く羽目になった。この十日間ほどの放浪のうちに、お梅は「峯三郎が専之助を焚きつけて親子の仲を裂き、しまいには店を乗っ取るつもりではないか」との疑念をふくらませ、殺意を抱くに至ったという。峯吉が「あんなお内儀《かみ》さんはいない方がいい」と言っている、とも人づてに聞いた。その日に限って葭町《よしちょう》の金物屋で小刀やハサミを買い込んだ。番頭が「酔月で御使料《おつかいりょう》にいかがです」と言って何の気なしに差し出した、その小型の出刃包丁が凶器となった。

事件のあった夜、家の様子を聞こうと峯吉を呼び出して立ち話をしているうちに、お梅が峯吉の「右背第十一肋骨下縁」を出刃包丁でひと突きした。動転したお梅は自宅へ転げ込み、その足で父に付き添われて久松町警察署へ自首した。峯吉は近くの車宿まで自力でたどり着いたが午前一時三十分過ぎに息絶えた。死ぬ前に「アア私が悪かった、姐さんの日頃の気性を知り抜いていながら、あんな事をいったのが、私のあやまりでした」と言ったという。

二人の会話の内容は分からない。事件直後の新聞には、峯吉がお梅を手込めにしようとして抵抗され、もみ合ううちに包丁が刺さったという記事が出ているが、もちろん勝手な想像に過ぎない。また公判でお梅は、峯吉が「自分の言いなりになれば帰宅を取りなしてやってもいい」ともちかけた、と証言している。しかしそれこそ「死人に口なし」だ。梅川亭の女将の言うとおり、「実際はあなた、ホンのハズミで、峯吉が馬鹿々々しく殺されてしまったことですよ」といったところではなかったか。お梅にきつく責められて、峯吉がついお梅のカッとするようなひと言を口走ってしまった。峯吉に面と向かって痛いところを突かれ、「ナマをお言いでない、生意気をお言いだと殺してしまうよ」「殺す、姉さんに殺されりゃア本望だ」と、売り言葉に買い言葉。初めはあいまいだった殺意がにわかに沸きたって噴き出した――。

この事件を題材にした『月梅薫朧夜』は、事件翌年の明治二十一年（一八八八）四月、浅草の中村座で初演された。もっとも上演にこぎつけるまでには、ひとしきりすったもんだがあった。というのも、当時は「新聞紙条例」によって、裁判で係争中の事件を記事や芝居にすることが禁じられていたからだ。キワモノにとってはとんだ邪魔ものだ。

事件から約五ヵ月後の十一月二十一日、無期徒刑（無期懲役）の判決が出た。これを受けて早速『新報』には「兼《かね》て噂《うわ》さの高い峯吉殺しの秀吉を仕組《しぐみ》」「当時専《もっぱ》ら脚色《しくみ》中のよし」と上演予告記事が現れる（第八五三号、明二〇・一一）。「遅くも一月十八九日頃初日の見込」とスケジュールも具体的だ。続いて十二月の第八五五号には「春のあてもの」という附録が付いている。若い女が散切り頭の男に向かって出刃包丁を振り上げている絵。「当て物」というだけに説明は一切ないが、着物の紋を見れば女が菊五郎、男が松助であることは一目瞭然だ。春、つまり正月には菊五郎と松助が「花井お梅の峯吉殺し」をやりますから皆様乞うご期待、という意味である。読者の期待と想像はいやが上にも膨らむ。

ところがお梅が上告の手続きをとったため、「何分にも裁決にも成《なら》ぬ物は狂言に取脚色《とりしくむ》事相成《あいなら》ずとの事にて許可にならず」（『新報』第九〇四号、明二一・五）、あえなくお蔵入りになってしまった。明けて三月には『春酔月梅香《はるのよいつきにうめがか》』と、屋号の「酔月」を折り込んだ外題で配役まで発表したが、結局上告が棄却されて判決が確定したのは四月十日のこと。これでようやく事件を舞台化できるようになったわけで、たちまち四月二十八日、『月梅薫朧夜』とタイトルも新たに初日が明いた。三月の時点ですでに台本は完成していたに違いない。

新橋きっての売れっ子芸者久吉は、芸者をやめて待合茶屋水月楼の女将金井お条となったが、商売に身が入らず外を泊まり歩いてばかりいるので父伝之助と折り合いが悪い。またお条と深見丹次郎は深い仲だが、一中節《いっちゅうぶし》の師匠小沢たえは、丹次郎の身を案じる妻おそのから、二人に意見して縁を切らせるよう頼まれる。偶然それを立ち聞きしたお条は、おそのへの義理立てから丹次郎に偽りの愛想尽かしをする。行きどころのなくなったお条は、家の様子を聞こうと浜町河岸に箱屋の巳之吉《みのきち》を呼び出すが言い争いになり、持っていた出刃包丁で巳之吉を刺してしまう。お条は伝之助に付き添われて自首し、裁判で無期徒刑の判決を受ける。

梅雨どきの深夜の浜町河岸で、芸者あがりの美人女将が箱屋の男に出刃包丁を振り上げる。絵になる道具立てが揃って、芝居にするにはいかにもおあつらえむきだった。しかしお粂の丹次郎への愛想尽かしを除いては、この作品は事件までのなりゆきをほぼ忠実に、しかも派手な飾り気なく淡々と追いかけている。渡辺保が「できるだけ現実に即して、その本質に迫ろうとしている」「ルポルタージュ劇」と高く評価したのはここのところだ。筆でさんざん俗世をからめ取ってきた老作家の、人間ひとりひとりの業《ごう》を静かに凝視するような視線が感じられる。同じような方向を目指しながら肝心のところがぼんやりしたままの『高橋お伝』と違って、登場人物の誰もがリアルにくっきりとツブ立っている。

とりわけ浜町河岸でのお粂と巳之吉のやり取りからは、二人の心理的な駆け引きや感情の高ぶりがひしひしと伝わってくる。帰宅の糸口を探ろうと呼び出した巳之吉からは、耳障りな諫言《かんげん》しか出てこない。

「水天宮様へ誓いを立って酒をお断ちなさいまし、そうしたことなら私が、それを規模に親方へ、お詫びをいたしてあげましょう」

この差し出口が、かつて新橋で全盛をきわめたお粂の癪にさわった。

「三絃《さみせん》とって座敷へ出れば、気ままに浮世の渡れる体、御贔屓《ごひいき》になるお客方を捨てて行っては済まないから、心の合わない親仁《おやじ》の内へ、詫びをして帰るのだ」

「ついちゃあ箱屋のお前なぞに、詫びをしてもらったら、生涯人に言われ草、この身の栄誉にかかわるから決して詫びは頼まないよ」

巳之吉は浮き沈みの激しい芝居の世界や花柳界で揉まれてきた男だから、常に利害関係の計算に基づいて行動する。身勝手なお粂を巳之吉がなだめすかすのはいつものこと、それも自分の飯のタネだからだが、このときばかりはつい本音を漏らしてしまった。偉そうなことを言ったって、どうせどこへ行ってもいい顔をされず、仕方なしにうちへ帰ってきたのだろう。

巳之吉　お前はいい気でいなすっても、どこのうちでも鼻つまみ、口ほど心に悪はないが、あんまり目先が見えない話だ。

お　粂　これ、てめえはおれをなんだと思う。奉公人と主人だぞ。日吉町にいた時分、新富町を追い出され、行く所がなく困るというから、内箱《うちばこ》にして置いてやり、着類は元より持物まで、出来たは誰が蔭だと思う。その大恩を忘れてしまい、主人に向かって失敬だよ。人の事よりてめえこそ、いかに引っ込んでいればとて、あんまり目先が見えねえぜ。

巳之吉　そんな強い事を言っても、もう今夜も十時過ぎ、これから泊まる所があるまい。どこへ行って寝なさる気だ。

お　粂　むむ。(トぎっくり思入《おもいいれ》)。

巳之吉　なんぼお前があばずれでも、ひとりのこのこ旅籠屋《はたごや》へ、泊まることはできますまい。

お　粂　なに、泊まられないことがあるものか。

巳之吉　ここら近所で評判の、水月楼のお粂さん、寝所《ねどこ》に困って旅籠屋へ、泊まるはあんまり智恵がない。こっそりしたいい所へ、今夜泊めてあげますから、わたしと一緒においでなさい。

お条の態勢はぐずぐずに崩れ、優位に立った巳之吉がのしかかるように言葉を重ねてくる。ひと言ひと言が、お条をかろうじて支えていた最後のプライドにざっくりと突き刺さる。巳之吉への不信と憎悪が一気に頭をもたげてくる。

お　条　聞けばこの頃親父に並んで、あんなものはいねえほうがいいと、てめえが悪く言うそうだが、以前の事を考えたら、言われた義理じゃァあるまいに、見下げ果てた恩知らずだ。

ト傘を持ってずっと立つ、巳之吉傘をとらえ、合方替って、

巳之吉　もし姉さん、何で悪く言いましょう。そりゃあ親方が腹を立ち、おこっておいでなさる時は、座なりに悪くも言いますが、しずめる為めでござります。内へお出でのお客様は、みんなお前さんを贔屓のお方、なんでいない方がようございましょう。悪く言うのもよく言うのも、御恩になったお前さんを大事に思いますからだ。

お　条　ええ、いい加減な事を言うな。親父が内へ入れねえのも、てめえが邪魔をするそうだ、みんな人に聞いているぞ。

巳之吉　誰がなんと言いましたか、言った人をお言いなせえ。
お　条　てめえに言うにゃあ及ばねえ。
巳之吉　いいえ、聞かにゃあなりませぬ。

ちぎって投げつけるような言葉の応酬で加速度的に緊迫感が募ってきたところへ、出刃包丁がお条の帯の間から滑り落ちる。お条は「お父《とっ》さんによそながら、暇乞《いとまご》いをした上で、死のうと思って買った包丁」「首をくったり身を投げたり、形の悪い死にようがしたくないから包丁で、立派に自害をして死ぬ気だ」と言い訳するが、これで決裂は決定的になる。

巳之吉　いや〳〵それはてれかくし、たしかに切る気で包丁を、持っていたに違えねえが、人を殺しゃあ命がねえ、わるい心を出さないで、その包丁を渡しなせえ。
お　条　この包丁を持っているのは、まさかの時の用心だ。なんでこれを渡すものか。
巳之吉　渡さねえと言いなすっても、譬《たと》えにも言う気違いに、刃物は持たして置かれねえ。
お　条　これ、気違えとは誰のことだ。
巳之吉　誰でもねえ、おめえのことだ。
お　条　えゝ、ふざけたことを言やあがるな。
巳之吉　もうこの上は、腕づくで。

これはもうどちらかが死なないことには終わらない。台詞は基本的に七五調だが、掛詞《かけことば》や縁語を駆使した黙阿弥お得意の華麗な文飾はどこにも見当たらない。言葉が言葉の最小限の意味だけで使われている。だから会話がどきどきするほど生々しく、泥水が穴に吸い込まれるように、状況がまっしぐらに破綻へと向かっていく。「本物そっくり」はこの時代の文化全般における重要なキーワードだが、当時の観客の反応からは、ことのほか臨場感への驚嘆が伝わってくる。

「成程こうで有《あっ》たかと思う様で、実地を見る心地がしました」

「定《さだめ》て斯《こん》な物で有《あっ》たろうと、其時《そのとき》傍観していた様な心地がしまして、感伏《かんぷく》の外無《ほかなし》、大出来《おおでき》〳〵」　（『新報』第九〇六号、明二一・六）

「躍如として殆《ほとん》ど実地を見るの思いありたり」　（『続々歌舞伎年代記』）

キワモノの眼目の一つは事件現場を目の前に再現してみせることだが、この場合のリアルさは、単なる物真似としての再現劇にとどまらなかった。一切の飾りをそぎ落としたがゆえに、それまでのキワモノ歌舞伎からは一歩踏み込んだ人間ドラマとしてのインパクトを生み出すことになった。

しかしこれほど観客に「実地を見る」かのように錯覚させたのは、もちろん台本の力だけではない。役者が良かった。

箱屋の巳之吉を演じたのは四代目尾上松助だ。五代目松本幸四郎付きの衣裳方の息子だった。いわゆる大部屋の役者で一生を終えるつもりだったが、ウデひとつで名題役者に出世した。常に菊五郎に寄り添うようにして脇役を演じ続けた。『切られ与三』の蝙蝠安《こうもりやす》が極めつきで今に名人の名を残しているが、他にも『直侍』の丈賀《じょうが》、『四谷怪談』の宅悦《たくえつ》など、松助の名助演が菊五郎を支えた舞台は数多い。当時の劇評には「相手が松助だからこそ面白かったのだ」という評言がたくさん出てくるが、この『花井お梅』でも「松助の峯吉の為に、是また一層の光輝を増して、芝居狂言とは思われず」(『新報』第八九四号、明二一・五)、「筋立も能《よい》のでしょうが、此丈《ひと》の腕前にて仕活《しいか》した物でござろう、大出来〳〵」(同第九〇六号)、「浜町河岸の殺しは、相手が松助と来て居るから言外の妙」(『続々歌舞伎年代記』)と絶賛された。なにしろ芝居の噂が出る前から、世間では「もし峯吉をやるなら松助しかあるまい」ともっぱらの評判だった。先ほどのお粂のせりふに「いかに引っ込んでいればとて、あんまり目先が見えねえぜ」とあるのは、松助のぐっと奥深くに窪《くぼ》んだ眼をからかったものだ。苦労人らしいひと癖ありげな面構えは、したたかな箱屋の男にうってつけだった。

もちろん菊五郎のお粂なくしてこの「ルポルタージュ劇」は成立不可能だった。高橋お伝と違って、金井お粂の方は写真が何種も残っている。「当時の芸者あがりの年増というのはこんな感じだったのか」と思ってもさほど大きくはずれはすまい。今の歌舞伎の隅々《すみずみ》までパリッとした着こなしとは違い、着物も髪も少しぐずぐずとしたルーズな感じだが、これが当時の日常感覚だ。ツルツルピカピカした美しさとは違っているが、実に渋い存在感を放っている。それでいながら錦絵の中にピタリとはまりそうな風情のポーズ。

「黒縮緬《くろちりめん》の羽織ごしらえ如何《いかが》と思いしに、島田鬘《かつら》の大姉《おおあね》エ株、すべての好み申し分なく、めっそう美しく、実はかように若々《わかわか》とは行くまじと案じましたに、さすがに熟練年功の腕前、お世辞気をはなれ感伏致しました」(『新報』第九〇六号)

このとき菊五郎四十四歳。まさに脂ののりきった役者ざかりだ。舞台でも予想以上に若々しく、垢抜けた美しさで観客をうならせた。実年齢をウデひとつでやすやすと覆い隠してしまうのが歌舞伎の、特に女形の神秘だ。

殺し場と並んで派手な見せ場といっては、わざとおたえに悪態をつき、丹次郎に心ならずも縁切りをするところ。着物をはだけて大暴れするが、これがどこから見てもそういう酒乱の女だとしか見えない。『魚屋宗五郎』をはじめ酔態の演技はお手のものだが、これを女で見せたのが新しかった。長襦袢《ながじゅばん》が出放題なのに、足の肌は少しも見えない、その着物の裾《すそ》の取り回しの鮮やかさも目を引いた。

「女の生酔《なまよい》は実にあんなで有ろうと感心の外《ほか》なし」(『新報』第八九四号)

「この丈《ひと》、毎度生酔《なまよい》は十八番《おはこ》で遣《やら》るるが、女の酒乱はこれがはじめて、今まで形《かた》のないこな、い、し。今回《こんど》(梅幸丈《おとわや》)新発明の工風《くふう》にて、方今《とうじ》外に類と真似人《まねて》なし」(同第九〇六号)

「女の酒に酔いたるは実にあんなであろうと、芝居ごととせず見物に感心させた手際はさすがにこの人なり」(『続々歌舞伎年代記』)

人に酒をぶっかけては無理難題をふっかけ、あげくの果てにひっくり返って寝てしまう。あるいは菊五郎の身近にうってつけのモデルがいたのかもしれない。

とりわけ役者としての充実を感じさせるのは、さほど目を引くような場面でもないところで観客の心をとらえたことだ。例えば、丹次郎の妻おそのとおたえとの会話を立ち聞きしたお条が、丹次郎との別れを決心しておたえの部屋に入ってくるところ。下手の障子を開けて、

「お師匠さん、また来ました」

と火鉢に手を突いて座るだけのところに、女の情があふれてなんとも良かったという。また父伝之助に別れを告げて警察署に自首するところも、「何でも無くして居る事ながら、云うに言われぬ面白味の有るは不思議なり」（『続々歌舞伎年代記』）と、一挙手一投足が芝居ならではの面白さを発散した。酒乱女の醜態を克明に演じてみせることなど朝飯前。それどころか、なんということはないちょっとした言葉や表情や仕草のうちに、無限の意味合いを盛り付けることができた。菊五郎自身も芝居をすることが楽しくてしょうがなかっただろう。

　この芝居で菊五郎は、お条のほかに大河逸蔵《おおかわいつぞう》と須野田金平《すのだきんぺい》に扮した。お梅の弁護にあたった著名な法律家、大岡育造と角田真平をもじっている。お梅本人とともに、その弁護人まで一手に引き受けて演じたわけだ。それぞれ序幕と大詰にちょっと顔を出す程度の役だが、菊五郎が当時の名士そのままの姿に扮して顔を出し、「死刑に処する罪人でさえ、其情状を酌量して等《とう》を減ずるのが今日《こんにち》の趣意じゃ」などとしかつめらしく言ってみせるところに意味があった。どちらもご当人そっくりという評判だった。どの芝居でもそうだが、なにも自分で

大河逸蔵

金井お条

出なくてもよさそうな、今の役者なら「勘弁してよ」と言いそうな役でも、菊五郎は嬉々として舞台に飛び出しているように見える。ご贔屓方へのサービスはもちろんだが、なによりも「その人を演じてみたい」という自分の身体の要求に従ったまでのことだろう。特に実在の人物の場合には、周到な下調べをして服装から身のこなしまで徹底的に本人になりきった。お条の場合も、日に二、三度、多いときで七度も酔月楼やお梅なじみの茶屋に弟子を派遣し、「ソレ衣裳は是でよいか、髪の風はこうだったか」(『新報』第八九七号、明二一・五)と情報収集に熱中した。ついでに酔月楼の看板の「月」の字の右側に節穴があったのを知って、同じ場所に節穴のある板を探させた。初日の前日にやっと気に入る板が見つかって、酔月楼の看板を書いた永井素岳《そがく》のところにあわてて持ち込んだ。ここまでくると単なる道楽では片付けられない。黙阿弥がコトバを編むことで現実に切り込もうとしたのに対し、菊五郎はひたすら「見た目」を通じて、つまりは視覚を極度に研ぎ澄ますことで人間の本質をつかみ出そうとした。そんな風には言えないか。細密画家が眼を見開いて植物の輪郭線を引いていくように、あるいは彫刻家が大理石の塊から生々しい筋肉を彫り出していくように。眉ひとつ描くにも、はたの者に「いいか」と意見を求める。「結構です」「結構だけじゃいけねえ、なんとか言ってくれ」。全部消してはまた描き直し、「どうだえ」「ようがす」。別の者が顔を出すとそっちを向いて「どうだえ」。だから菊五郎の芝居はただでさえ幕間が長いのに、何役も兼ねるおかげでますます幕間が伸びた。時折桟敷《さじき》からあくびが聞こえても、本人は「ただ早いばかりが手柄ではないので、少しは舞台にそれだけの味というものを持たせなければ、客に対して不親切かと思われます」といたって涼しい顔だ。なぜならこの世界はとても複雑で、それを描き出すにはどうしても時間が必要だったから。

さていよいよお粂の判決が確定するという日、裁判所からは傍聴券にあぶれた人々が追い出されてくる。浪花節《なにわぶし》語りや講釈師が混じっているのは、さっそくお粂をネタにしてひと儲けしようという魂胆だ。浪花節語りが「傍聴を仕損なうと、晩の間に合いませんから」とあせっているところをみると、一夜漬けどころかその日のうちに一席のネタに仕上げてしまうらしい。これぞキワモノの究極の姿だ。

この大詰の「上等裁判所表門の場」には、華やかな明治社会の陰で見栄ばかりを頼りに生きている人間が、カタログよろしく次々に登場する。この場面は一見お条とは関係のないコメディ・リリーフのように見えるが、実はそうではない。

講釈師の百円《ひゃくえん》というのが出てくる。名人松林伯円《しょうりんはくえん》の弟子だというが誰も聞いたことがない。当人は「貴顕紳士の座敷」へばかり出ているから下等の客には知られていないのだ、と豪語していたが、浪花節語りに見破られてとんだ恥をかいた。実は場末《ばすえ》専門、釈台をひっぱたいてばかりのヘボ講釈師だ。

その隣では、口髭《くちひげ》をおっぱやかして洋服に身を固めた官員が、「諸官省へ勤める身分ゆえ、この上等裁判所などは、いくらも知人があるから、たやすく願わるるよ」と皆に傍聴を安請け合いしている。その正体は金町の百姓太郎作である。同輩の田五平に見つかってまんまと化けの皮がはがれた。帽子をとって皆に挨拶すると、中からは見事なマゲが顔を出す。

「帽子をとって大たぶさの、髷《まげ》の出たのは何の事はねえ、蛤《はまぐり》のがら〳〵〈割ると辻占や人形が出てくる蛤形の菓子〉を明けたようだ」

「普段から村の者が、止《よ》せい〳〵と申しますが、兎《と》角装《かくなり》ばかり気ィ揉んで、官員様の真似を初めてから、ただ出来るのは借金ばかりだ」

「今日傍聴に来た内にも、只今のような人民が、いくらもある事じゃろう」

ハイカラなのはシャッポだけ。肝心なのはその台の方なのだが、そこのところにはとんと気がつかない。村の者が止めるのも聞かず、野良《のら》仕事はそっちのけでヒゲの手入れに余念がない。畑は荒れて借金ばかりが増えていくが、官員様の真似さえしていれば安心だ。東京に出ればひとまず人がそのように扱ってくれる。もしかしたらそのうち本物の官員様になれるかもしれない。いやひょっとしたら自分は百姓ではなくて官員様なのではないか？　――もはや自分が誰だかわからない。自分の居場所を見失っている。

お条の場合は、旦那の世話で茶屋の女将に納まった。芸者にとってはアガリのようなポジションだが、お条にとってはどうにも我慢のできない、居心地の悪い場所だった。いまさら芸者にも戻れない。出歩いて酒を飲んでいるときだけ憂さを忘れられる。

居場所がない、という点においては、お条と太郎作との間に大した違いはない。どちらもうっすらと狂気のにおいがする。行く手には多かれ少なかれ悲劇が待っている。しかも裁判の傍聴に来た群衆の中には、こうした手合いが他にいくらもいるという。

『高橋お伝』を思い出そう。明治という最新のシステムにとって、お伝は取るに足りない小さなバグに過ぎなかった。お伝が唐突に改心して首を刎《は》ねられさえすれば、幕は閉まって後は何ごともない。対してこの『花井お梅』はどうだろう。裁判所からはじき出されてきた面々は、そのまま社会のフチから落っこちてしまいそうな勢いだ。ひと足先に落っこちてしまったのがお条だが、居場所のない人間はまだまだ他にもいる。時流と呼ばれるなにものかが後ろから突っかけてきて、のんきに立ち止まっていられない。昨日のまんまの自分ではいられない。だが現実は到底思うようにならない。そういう都会のじりじりした空気を察知し

饅頭笠のお条

て、黙阿弥が見事な幕切れを書いた。裁判所に伝之助、丹次郎、おたえらが駆けつけたところへお条が姿を現す。皆が押し黙って見守る中、お条がつぶやくのはただひと言だけ。

「どうぞお笠を願います」

およそ似合わない丸い饅頭笠で顔を隠し、数少ない味方であるはずの人々にまで背を向けて歩み出す。多くの人が実際に目撃した「饅頭笠のお梅」はよほど印象深かったとみえて、錦絵や挿絵の類にも必ず笠で顔を隠したお条が描かれている。いや、この芝居に限っていえば、顔を隠したのではない。こんな世界に用はないとばかり、お条の方が世界を拒絶したのだ。お伝のように懺悔《ざんげ》するでもなく、丹次郎の手を取って泣き崩れるでもなく、はたまた傲岸《ごうがん》に居直るでもない。すべてのコミュニケーションを拒絶する、なんとも空恐ろしいせりふだ。予定調和の幕切れからツイと体をかわしてこの台詞を置いた黙阿弥はやはり名人だったし、この難しいせりふを見事に言ってのけた菊五郎もただものではなかった。二人の手によって、キワモノ歌舞伎は「ルポルタージュ歌舞伎」という新しい局面をもう少しで切り拓《ひら》くところまで来ていた。

ずっと下って大正八年、お梅を題材にした伊《い》原青々園《はらせいせいえん》の新聞小説『仮名屋小梅』を真《ま》山青《やませい》果《か》が脚色・劇化した。さらに昭和十年には川口松太郎の『明治一代女』が新派で舞台化された。こちらはまた筋書がうんと変化している。夫婦約束のかわりに全財産をお梅に渡した巳之吉が、はからずもお梅に裏切られる結果となり、その不実をなじるところから殺しになり――と、まるで歌舞伎の『縮屋新助《ちぢみやしんすけ》』のような話。味付けのはっきりした、誰にでもわかりやすいメロドラマになったおかげで、新派屈指の人気作になった。以来「花井お梅」の舞台化といえばまず『明治一代女』ということになって、歌舞伎の『月梅薫朧夜』はすっかり忘れ去られてしまった。菊五郎と黙阿弥がようやく指先を届かせた「ルポルタージュ歌舞伎」は、後継作の出ないまま途絶えることになった。

花井お梅は明治三十六年（一九〇三）四月十日、恩赦により釈放された。ちょうど菊五郎の死んだすぐ後だった。釈放後に出た『花井お梅懺悔 譚《ものがたり》』にお梅の談話が載っている。「エ、そうですってね、私《わたく》しの出獄がモウ二十日……一と月も早かったら逢われたでしょう、音羽屋さん斗《ばか》りは惜《おし》うございます、役者の善悪は私《わた》しには分りませんが、兎《と》に角《かく》純粋の江戸ッ子でしたから、アノ人の舞台は未だに目について居りますよ」

もちろん獄中のお梅は『月梅薫朧夜』を見ていない。監獄の新入りから詳しく噂に聞いたばかりで、犯した罪の恥ずかしさ、それに峯吉が可哀想で「私しの身体がしびれるようでした」と言ってはいるが、果たして内心ではどうだったか。あの菊五郎が自分を演じてくれた、そのことがしびれるほど誇らしく嬉しかったのではなかったか。

時にお梅四十歳。汁粉屋や小間物屋を開業してみたが、お客は「あの花井お梅」の顔を一度見てしまえば、あっという間に寄りつかなくなった。身にしみついた芸者気質にも堅実な商売は合わなかった。やがて壮士芝居の森三之助と組んで芝居小屋の舞台に立ち、自分自身で「箱屋殺し」を演じて回った。殺し場に新内節《しんないぶし》を入れたのが目新しかったが、筋立ては菊五郎の『月梅薫朧夜』とほとんど変わらなかった。「向こうにちらちら小提灯《こぢょうちん》……」の新内の方は『梅雨衣酔月情話《つゆごろもすいげつじょうわ》』として今に残る人気曲になったが、芝居自体はさほど大きな話題にならないまま、五十三歳でお梅は死んだ。年号が大正と変わってから五年が経っていた。お梅が最後にたどり着いた居場所は、菊五郎が周到に作りあげた「あの花井お梅」だった。

第三章
見世物は世界をひらく

スペンサー（『風船乗評判高閣』）

サーカスがやってきた！ ——『鳴響茶利音曲馬《なりひびくちゃりねのきょくば》』（明治十九年）

明治十九年（一八八六）九月一日、神田秋葉原に「チャリネ大曲馬団」の幟《のぼり》がはためいた。イタリア人チャリネが率いる西洋渡りのサーカス団。人種もさまざまの芸人たちが五十人余りに、馬・象・虎・ライオン・ダチョウ・大蛇などを従えた大一座である。横浜での初公演を首尾よく終えて、意気揚々と東京に乗り込んできた。

傘のようにしつらえたテントの直径は、一説によると三十丈。一丈は約三メートルだから、直径九十メートルの巨大テントということになる。中は円形の馬場を囲んで階段状に客席がしつらえてある。見世物ではムシロ敷きが当たり前、もちろん寄席や歌舞伎にも椅子席などない時代に、雛壇式の椅子席を持ち込んだのはすこぶる画期的だった。テントの中を描いた当時の摺《す》り物を見ると、観客が皆着物を着ていて男は散切り頭、女は日本髪であること以外は、現代のサーカスの風景とほとんど変わらない。日中は併設の「獣苑」（動物園）で猛獣・珍獣の数々を見物することができ、曲馬の公演は夜の七時から九時半までだった。「米国新発明」と称するカンテラの灯が、まばゆいばかりに場内を照らし出した。

ある日の桟敷の一隅に、漢学者依田学海《よだがっかい》（天保四年［一八三三］～明治四十二年［一九〇九］）がいた。実はこの前日にも出かけてきたのだが、超満員で入れなかったからわざわざ出直してきた。学海は森鷗外にとって学生時代からの漢文の師匠であり、『キタ・セクスアリス』には驚異的な添削の手際を見せる「文淵先生」として登場する。文部官僚として勤めたこともあるが、芸能史の方では演劇改良運動の旗振り役として知られている。何ごとも啓蒙開化の新時代、旧弊で野蛮な歌舞伎は見捨てられてしまうに違いない。そんなあせりがあったのだろう、しゃちこばった論文や戯曲を発表して演劇界の刷新・改革を主張した。新派の伊井蓉峰《いいようほう》の尻押しをして彼らの劇団「済美館《せいびかん》」の顧問格を務めたこともある。元はといえば芝居好きの熱意が昂《こう》じてのことなのだが、いささか現実離れした書生論に鼻白んだ人が多かった。「鐙踏張《あぶみふんば》り鞍壺《くらつぼ》に立上り、大音声《だいおんじょう》に演劇改革談を説かれしは学海先生只《ただ》一騎」（『竹の屋劇評集』）と饗庭篁村《あえばこうそん》に冷やかされたように、援軍が現れないままさすがの先生も敬して遠ざけられる憂き目にあった。

　学海の四十五年間に及ぶ日記『学海日録』は、近代文化の貴重な資料であるとともに彼の並みはずれた記録魔ぶりを示しているが、ここにちゃんとチャリネの曲馬の話が収まっている。先ほどの「直径三十丈」は、この学海の証言によるものだ。しかも別の『談叢』という漢文集では、同じく曲馬見物の模様をすべて漢文で書き残している。明治には漢文を日本語の一種として自在に操る人がいたのである。名付けて「観伊太利人査理涅氏曲馬見物記」。査理涅とあるのがチャリネのことで、「イタリア人チャリネ氏の曲馬見物記」とでもいうところ。四角い文字がびっしりと並んでいるが、不案内でも字面を見ればおおよその様子は知れるのが漢文のありがたいところだ。身を乗り出して曲馬に見入る先生の姿が不思議によく伝わってくる。

チャリネ

それでは『学海日録』『談叢』と当時の新聞記事をもとに、チャリネ大曲馬団公演の主なプログラムを紹介することにしよう。

まず楽団席からにぎやかな演奏が鳴り響くと、金ピカに飾り立てた馬に乗って九人の男女が登場する。指揮をとるのは堂々たる体軀のチャリネ親方だ。二頭ずつ、あるいは三頭ずつと、一糸乱れぬ足運びで緩急自在に駆けてみせる。足並み揃えてピタリと止まり、いっせいに高々と前足を上げるのも思いのまま。馬の芸はもちろんのこと、よほど学海先生の目にまぶしかったのだろう、『談叢』では女性の騎手について「露出双腕如雪」とわざわざ記してある。

次はヘスリー、ワルトルという二人の少年の軽業《かるわざ》。横に渡した竿に足をかけてぐるぐる回転したり、竿の上からジャンプして宙返りしたり、ちょうど器械体操のような演技を見せて喝采を浴びた。

猿の曲馬という珍しいのもあった。学海が「壱人の女子」と書いているのは勘違いで、本当のところはドレスで女装した猿だったようだ。疾走する馬にしがみついた猿が、高く張り渡した布をいくつも飛び越え、布の下を駆け抜けた馬の背中に見事に着地してみせる。

続いては一本足の男が二人登場する。二人ともアメリカの南北戦争で片足をなくしたそうだ。「ミスフランス」と滑稽な掛け合いをしながら、肩の上に立ったり頭を跳び越えたり、片足をものともせぬ軽業で観客を沸かせた。その軽やかさ・素早さは猿のごとし、と学海も驚いている。このうちの一人が菊五郎の演じた「トムハーバー」で、自分の写真を客席に売り歩いて愛敬をふりまいた。

この一本足では菊五郎が思わぬ災難にあった。『新報』（第七三二号、明治一九・一二）の記事のタイトルは「上手の鼻から血が滴《たれ》る」という悪い洒落だ。ある日突然鼻血《ひだ》が出て止まらなくなった。早速お医者を呼んで診てもらったら、一本足を演じるのに「左りの足を前の方へ抱上《かかえあげ》て、布にて確《しっか》りと巻くゆえ、自然と足へ血の通ずべき経絡《けいらく》を圧して、血の循環の故障をする〈障害となる〉ので、其《その》血溢《あふ》れて鼻へ出るならん」とのお見立てだった。半伽・片あぐらのように片足を曲げたままきつく固定したから、血の循環が悪くなって鼻から血があふれたのだという。菊五郎自身もこう語る。

「あの時にはこの足をこう前の方へ曲げて、此所で責めて置いたもんだから、一寸《ちょっと》写真を売りに出て来るだけなんだが、この筋の所を詰めてあるから、矢張《やっぱり》血の運転が甘《うま》く行かないんだねえ、逆上《のぼ》せて鼻血が出た事がありました」（『五世尾上菊五郎』）

一本足トムハーバー

象使いアバデー

果たして足の鬱血が原因で鼻血が吹き出すものかどうかはよくわからないが、医者も菊五郎ももっともらしく分析して納得しているのがおかしい。まさに体を張った役作りである。

　男女二人組による並走する馬上でのアクロバットの後、十五分の休憩をはさんで、フランス人のアバデーが象使いを見せた。一頭の象が長い鼻でオルガンの鍵盤を叩くと、それに合わせてもう一頭が鼻を揺らし、足を上げて踊ってみせる。樽の上で後ろ足で立ってみせるというきわどい芸もあった。「観客は手を打って喜び、場内を満たす喝采は雷のごとし」と桟敷が沸き返る。

　サーカスにつきもののピエロも忘れてはいけない。曲芸の最中に飛び出してきては、始終コミカルな動きで観客を笑わせた。またハンカチを砂に埋めてその場所を馬に当てさせるというような軽いコーナーも受けもって、曲芸のスリルに緊張した観客の気分をがらりと変えた。イギリス人ゴットフレーが西洋流の道化芸で人気をさらったが、歌舞伎では中村伝五郎が扮してこちらも大当たりをとった。

再びチャリネ指揮による馬のダンス、それからイギリス人トリオによるコント、セテネー一家四人による軽業と続いて、猛獣使いのアメリカ人フレムが登場。鉄の檻の中には三頭の虎が目を光らせていて、「牙はノコギリのように鋭く、一声吼えれば観衆は震えあがった」。その檻の中にフレムが入り、獰猛《どうもう》な虎をあたかも猫のように扱ってみせる。「両手で虎の口を開き、口の中に頭を出し入れする」という今ではおなじみのパフォーマンスもあって、「観衆は手に汗を握ったが、演者は悠々自若としたもの」だった。

曲馬をメインに、軽業、道化芸、象の曲芸、猛獣使いとバランスよくだしものが配してある。こうしてみると、綱渡りや空中ブランコを除けば、われわれがサーカスと聞いて思い浮かべるようなだしものがあらかた出揃っていたようだ。日本にも「小栗判官《おぐりはんがん》碁盤乗り」以来の曲馬の伝統があり、出演者全員が馬に乗って歌舞伎を演じる「馬芝居」という摩訶不思議な見世物もあった。象やラクダなど、舶来の珍獣が見世物に登場したこともあった。しかし虎やライオン、ダチョウが獣苑の檻にずらりと並んだ迫力や、何頭もの西洋馬が砂を蹴立てて跳躍するスピード感は、物見高い明治東京の人々の度肝を抜いたに違いない。興行の繁盛ぶりを伝える摺り物がたくさん出回り、あまりの人気に日延べまでして、二ヵ月の興行をめでたくうちあげた。

このチャリネ一座の賑わいに目をつけたのが菊五郎である。実は曲馬が舞台化されるのはこれが初めてではない。明治五年（一八七二）五月、中村座で『音響曲馬鞭《おとにきくきょくばのかわむち》』が上演され、中村芝翫《しかん》がスリエに、菊五郎はイタリア人のジョアニに扮している。鳴物に西洋ラッパやオルゴールを用いるなど、明治五年にしては思い切って新しいものだった。これは前年に来日したフランスのスリエ曲馬団を当て込んだものだが、スリエの興行自体は「見物少《すくな》し。面白からずして価貴《あたいたか》く、日は短くなり寒気にも向《むか》いし故なり」（『増訂武江年表』）といまひとつ盛り上がらなかったようで、歌舞伎の方の景気にも響いたことと思われる。しかし今度のチャリネの曲馬に至って、市中のサーカス熱が本格的に高まったと菊五郎はみてとった。黙阿弥に注文してたちどころに一幕の舞踊劇に仕立てあげたが、この「たちどころに」がキワモノのミソだ。『鳴響茶利音曲馬』。タイトルまで息せくように弾んでいる。新時代らしく化学染料も鮮やかな錦絵が残っている。明治になってからの錦絵はこの染料のせいでけばけばしくて下品だといわれるが、これはこれでいかにも新時代らしいハイカラな空気を伝えてくれる。

チャリネ・象使いアバデー・一本足トムハーバー　尾上菊五郎
道化師ゴットフレー　中村伝五郎
ミスフラン（ス）女　岩井松之助
沓《くつ》屋の色男　坂東家橋

『鳴響茶利音曲馬』（国立国会図書館蔵）

と、実に魅惑的な登場人物たちの名前が見える。菊五郎の三役をはじめ、普段はマゲを頭にいただいた歌舞伎役者の面々が、うち揃って紅毛碧眼の外国人を演じたわけだ。菊五郎はもちろんのこと、周りにも芸達者が揃っていた。

顔を水玉柄に塗って道化師ゴットフレーを演じた中村伝五郎は、「今回興行中第一等の当り、大手柄〳〵」と絶賛された。そのまま本家の曲馬に出られるくらいに本物そっくりだった。

顔の拵え、着附万端、声柄から歩行付《あるきつき》迄、ふしぎに能《よく》似せられ升た。日本人は器用にて、何かを偽《にせ》る事の得意《えて》たる事は今更云《いう》迄も無《なけ》れど、此丈《このひと》の此道化師をしてチャリネの曲馬場へ出《いだ》さば、誰か日本の俳優中村伝五郎なりと見る者有《あら》んや。実に真偽を見分るに苦しむと云《いわ》ん、大出来〳〵。

（『新報』第七三三三号、明一九・一一二）

伝五郎は、主役の脇をがっちり固めるというタイプの渋い実力派で、菊五郎と一緒に錦絵にもしばしば顔を出す。今でこそ映画やテレビ、小劇場と、それぞれの場に応じた多種多様な演技術を身につけた歌舞伎役者がいるが、ほとんど歌舞伎の世界の演技術しか知らないはずのこういう役者が、外国人の道化師という難しい役をあっさりと演じてのけたことに感心してしまう。

次いで脚光を浴びたのは「馬の足」だ。昔からいい役のつかない下手な役者を馬の足といってバカにすることがあるが、なかなかどうして、実際に舞台でやるとなると経験と体力の必要な難役だ。ましてや「一口に馬の後脚抔《など》と下手な俳優《やくしゃ》をいいますが、今度のは決して下手では出来ません、別格で有りましょう」（『新報』第七二四号、明一九・一一）とあるとおり、この『チャリネの曲馬』では文字通り馬が主役といえなくもない。馬の足ばかりではない、象の足だって大活躍する。

馬の足は新助と幸水、象の足は竹次郎と瓢蔵という役者がそれぞれ勤めた。上演前後の『歌舞伎新報』の記事には毎号のように彼らの名前が登場するが、普段観客にほとんど名前を知られることのない彼らにとっては一代の晴れ舞台だったろう。「是は余程骨の折《おれ》る役の様だが、此《この》四人なら象か馬く〈『どうかうまく』のダジャレ〉やってのけるは急度保証《きっとうけあい》」（同第七三三号）と、初日の前から話題になった。いざ幕が明くと、

「殊に馬は後足《あとあし》前足とも大働らきにてうまい物で有《あり》ました」（同第七二四号）

「四人大汗に成て勉強する故、どちらも大そう見物を歓《よろこ》ばせ升《ます》」（同第七二八号、明一九・

一二）

と、その奮闘熱演ぶりがお客を大喜びさせた。理屈屋の劇評家三木竹二にも「すべて芝居に遣《つか》う動物は、いつも不出来なり。遠くは『弓張月』の禍《わざわい》〈怪獣の名〉、近くは『チャリネ』の象、また『一の谷』の馬などまず善《よ》き中なりき」とお褒めにあずかっている。

今も昔も馬の足には特別手当が出る決まりだ。ただしいつもの馬とは違って主役級の馬と象、しかも観客には大好評ときたから、役者たちも相当のボーナスをアテにしたのだろう。しまり屋の興行主との間で金額をめぐって少々もめたが、四人分、八本足でしめて七十円と話がまとまった。

この舞台に当のチャリネも大いに喜び、たびたび見物に訪れた。そのたびに通訳を介し、だしものや衣裳について懇切丁寧なアドバイスをしてくれた。

あるときは一本足、道化師、軽業師、口上役らの座員がうちそろって菊五郎の楽屋を訪ねた。舞台について話がはずむうちに、伝五郎が翌日から輪抜《わぬけ》（輪くぐり）の芸当を追加することに決まった（同第七二六号、明一九・一一）。

またあるときはチャリネが宿泊中の築地精養軒へ役者一同を招いて歓談したあと、テントに場所を移し、象の遣い方から道化師の顔の塗り方まで手をとるようにして教えてくれた。その惜しみない親切さに菊五郎は「流石《さすが》文明開化のお人なり」と感激したそうだ（同第七二〇号、明一九・一一）。

きわめつけは旗のプレゼントだ。チャリネ、書記マアヤー、口上役中川米吉の三人が連名で、「各国徽章の縮緬《ちりめん》の大旗五旒《ながれ》」を、菊五郎、伝五郎、松之助の三人へ贈呈した（同第七三〇号、明一九・一二）。芝居へのご祝儀に引幕ならぬ縮緬の国旗を贈ったのは、おそらくこれが最初にして最後だろう。

ところでこのチャリネとはいったい何者だろう。本名はジュゼッペ・キアリーニ(Giuseppe Chiarini, 1823-1897)。アルファベットをカナ読みすればチャリニ、チャリネとなるわけだ。キアリーニ家の名は古く十六世紀からイタリアの祭礼の記録文書などに登場する。パリやハンブルクの劇場でも公演を行い、ヨーロッパの見世物界では由緒ある一家だった。とりわけ十九世紀半ばに団長となったジュゼッペは、一座を引き連れてまさに世界中をめぐり歩いている。初来日のときにはアメリカ大陸を横断し、サンフランシスコから上海経由でわが国にやって来た。世界中を見てきた彼の目に、明治の東京は、歌舞伎は、五代目尾上菊五郎は一体どう映っただろう。秋葉原での公演の後には吹上御苑で天覧を賜り、一座は翌年にかけて築地、浅草、靖国神社、そして神戸、大阪、京都と国内を巡業した。再び中国に渡ってシンガポールなど東洋各地をめぐった後、明治二十二年（一八八九）八月に再来日。あいかわらずの大人気で、ついに「チャリネ」はサーカスを意味する普通名詞となった。「日本チャリネ一座」を名乗る国産の曲芸団が出現し、明治二十九年生まれの宮沢賢治は、

弧光燈《アークライト》の秋風に、芸を了《おわ》りてチャリネの子、その影小くやすらひぬ。

（「銅鑼と看板　トロンボン」）

とうたった。蘆原英了《あしはらえいりょう》によれば、ジュゼッペはその後インド・オーストラリア・チリなどを経てブラジルに定住、国王ドン・ペドロ二世に仕える調教師となり、リオデジャネイロで死んだという（『サーカス研究』）。もはや一サーカス団の巡業というスケールではない。彼にとっては地球など玉乗りの玉に過ぎなかったのだろう。

歌舞伎以外にも、チャリネ大曲馬団は日本にさまざまなお土産を残している。

横浜のチャブ屋（外国人相手の酒場）で飲んだくれた曲馬団の楽士が、飲み代のカタに自分の楽器を置いていった。そのコルネットやフレンチホルン、バストランペットを安く買って稽古に励んだのが、明治十九年に結成された民間初の吹奏楽団「東京市中音楽会」の面々だ。その頃の楽長はジョージという名の外国人で、やはり曲馬団の楽士の居残り組だった。コルネットは上手だが、楽譜は読めないし指揮もできない。看板がわりに雇ってはみたものの、当人がいたたまれなくなって一ヵ月ほどで辞めてしまった（「民間吹奏楽の創建秘史」、『音楽之友』昭一七・六）。

明治二十年（一八八七）二月、曲馬団の虎に三頭の子が生まれた。明治十五年に開園した上野動物園は、このうち雌雄二頭をヒグマの子と交換して入手、公開を始めた。虎の姿など絵でしか見たことがない人たちがほとんどの時代だった。神田生まれの「神田っ子の虎」は大評判になり、おかげで来園者が開園以来の記録的な数にのぼったという（『上野動物園百年史』）。

虎の絵といえば、画家の岸竹堂（文政九年［一八二六］—明治三十年［一八九七］）は京都でのチャリネ一座の興行を見物し、曲馬団の虎を熱心に写生した。おかげでもともと得意だった虎の絵に西洋画的な写実性が加わり、それこそ新時代の虎の絵が生まれることになったという。鳥獣画を得意とした日本画岸派の伝統に、われ知らずチャリネ親方が一枚加わった格好だ。

興行師が世界を巡り、見世物が人々の記憶に点々と足跡を残していく。まずは自分の目に見える範囲が世界のすべてだった時代のことだ。曲馬の子細を逐一書き留めた学海先生ならずとも、変わったもの、新しいものを見たいという人々の渇望の激しさは想像に余りある。それだけに見世物の足跡は深く深く記憶の中に刻みつけられる。『鳴響茶利音曲馬』も、チャリネ大曲馬団が極東に残した足跡の一つだった。

ここでわれわれが注目すべきなのは、菊五郎の身体が、そして歌舞伎という演劇のスタイルが、自分の足をその足跡にぴったりと重ね合わせることができた、ということである。菊五郎への批評を読むと、彼が自分の身体を思いどおりに操れる天才だったことがよくわかる。『歌舞伎新報』の評者が目を丸くして「本人そっくり」を連発している。

寺嶋と言丈《いうひと》の器用なる事は今更喋々敷《ちょうちょうしく》中までもム《ござ》り升《ませ》んが、今回の浄るりにて実に我《が》が折升《おれまし》た。チャリネと言《いう》人は大兵なれば背は釣合升んが、体の格好から歩行様《あるきよう》の塩梅《あんばい》、其《その》人を目前《まのあたり》見る心地がし升《まし》た。馬の遣い方百事、真を写され感心、次に一本足の異人是又そつくりにて、（略）三番目は象遣いの異人、是も寸分違わぬ拵え方にて、本人が出られた

かと思う程、其人の癖を以て真似られ驚ろき升た。（『新報』第七三五号、明一九・一二）

体の格好、歩き方、馬を指揮するときの仕草まで、本人と見紛うばかりに細かく似せた。しかもイタリア人の恰幅のいい曲馬師、アメリカ人の一本足の軽業師、フランス人の象使いと、まるで様子の違う外国人三人を一度に演じて、そのどれもがそっくりだった。外国人慣れしていない日本人の観客から見れば、どれもおんなじように見えた――というわけでもないようだ。芝居の評判を耳にして西洋人のお客が毎日二、三組は見物に訪れたが、その西洋人さえ感心するほどの出来栄えだったという。

俳優《やくしゃ》は都《すべ》ての人物を写して見物を感服させるが職掌とは申《もうし》ながら、今回の様に三役共異人も見物して感心したと云《いう》程に真似て見せられしは、平生物にコッて心配なさる熱心の顕《あら》われとは申《もうし》ながら、ふしぎ〳〵と誉《ほめ》るより外無《ほかなし》で厶《ござ》るて。（同）

外国の空港ロビーで観察するとよくわかる。座り方、歩き方、頬杖のつき方、おしゃべりのときの手振りや考えごとをするときのポーズ。顔の表情はもとより、人にはお国によって姿勢や仕草、わずかな身のこなしにも微妙な違いがあり、外国人がそれをうまく真似するのは想像以上に難しい。ましてや外国映画もテレビも見たことがない菊五郎のこと、曲馬団の芸人たちの体つきや動きの特徴は、当の現場で自分の目に焼き付けて記憶し、再現するしかなかった。しかし菊五郎の変幻自在の身体は、まるで映画のフィルムのように、曲馬のテントで見たものをそのまま舞台に再現してみせることができた。現物を見なくても、菊五郎の歌舞伎を見ればチャリネ大曲馬団のなんたるかを知ることができた。

芸の「ひきだし」という言葉がある。舞台の局面に応じて適宜繰り出される演技上のテクニックが「ひきだし」に収まっているという意味で、「いろんなひきだしを持っている」「ひきだしの多い役者だ」などという。「ふしぎ〲」と理屈抜きに感心せざるを得ないほど、菊五郎はチャリネやトムハーバーやアバデーの動きを忠実に再現してみせることができた。天保生まれの歌舞伎役者菊五郎が、イタリア人曲馬師や象使いまでをも飲み込むことのできる芸のひきだしを持っていたのは驚くべきことだ。もとより西洋流の演劇メソッドなどとはまるで縁がない。そのひきだしはあくまで歌舞伎の芸を磨く中で、歌舞伎役者としての彼の身体の中で作りあげられたものだった。幕末以来の歌舞伎の舞台の上で、ひたすら経験を重ねることによって培われた身体運用法だった。

それにしたところが、チャリネを本物そっくりに演じるためには、あの伝統芸能お得意の「師匠から教わったとおり」「昔から伝わったとおり」という演技術で間に合うはずがない。少なくとも菊五郎が身につけた歌舞伎の演技術とは、「これを表現する場合にはこうするのだ」という一対一の対応関係をもつ「お約束」や、あるいは様式という名の秘伝めいた決まりごとではなかった。現実に連動して組織を自由に作り変えていくような、柔らかくて敏感な身体の構え。それはひとつの体系としてパッケージになった演技術ではなく、次々に新しい演技術を編み出していくための知覚の集合体のようなものだった。そんな仕組みを役者の体が内蔵していたからこそ、どんな異物だろうとすんなり飲み込んで吸収してのけるだけの度量が、歌舞伎という芸能にはあった。

例えば本作の幕切れの歌舞伎っぷりときたらどうだろう。「こりゃ本当に腹を立《たて》たと見える」というせりふをきっかけに、浄瑠璃がたたみこむようにテンポを上げ、舞台上の人物・動物がしかるべき位置に移動する。と、絶妙の間でチョンと柝《き》が入り、「引張《ひっぱ》りの見得」で菊五郎はじめ全員が絵のようにポーズをキメる。歌舞伎好きにはおなじみの、あの下腹がわくわくするような幕切れで、チャリネの曲馬のめくるめく世界がめでたく閉じられるわけだ。戯れるかのようにさんざん西洋曲馬を見せた後、何ごともなかったかのように澄まして歌舞伎に戻って幕を引く。題材がどんなにハイカラだろうと、そのまま歌舞伎という大風呂敷に包み込んで、それがちっともデコボコせずにすっぽり収まってしまう。それを当たり前のこととして、役者は自分の体で表現することができ、観客たちは新作への期待を胸に足を運んだ。つまりは同じものを寸分違わず「守る」「伝える」ことを極度に重視する現在の歌舞伎観が、いかに新しく特殊な考え方であることか。

奇しくも明治二十年代から三十年代は、「本物そっくり」に絶大な価値をおく「写実」への欲望が、舞台にも客席にも充満している時代だった。今まさに進行中の現実を、舞台の上でいかに高精度に再現するか。それに執心した菊五郎の身体は、あくまでも歌舞伎役者の身体でありながら、まさに世界を写す鏡でもあった。菊五郎のもっていた芸のひきだしの大きさと深さとは、実はチャリネの行動範囲に勝るとも劣らぬ世界的スケールなのだ。

ない。

見上げる人たち ――『風船乗評判高閣《ふうせんのりうわさのたかどの》』（明治二十四年）

開国してからというもの、欧米の見世物が次々に日本に上陸した。とりわけ言葉のいらない曲芸・軽業の類《たぐい》はどんな国に行っても通用するから、日本のように新しく拓《ひら》けたところは、芸人たちの稼ぎの場として魅力的だったかもしれない。それにしても、まるで様子のわからない極東の島国に身一つで飛び込んでくる彼らの腰の軽さ、行動力には敬服せざるを得ない。

舶来の見世物は概して木戸銭が高く、興行だからもちろん当たりはずれもあった。しかし舶来というだけで人集めに有利だったのは確かで、東京なら浅草、両国、上野、神田、あるいは横浜、京都、大阪、長崎といったところでさかんに興行が行われ、大勢の人が詰めかけた。となれば、この人だかりを歌舞伎が見逃そうはずがない。景気のよさそうなものならなんでも舞台に乗っけてしまう。とりわけ『風船乗評判高閣《ふうせんのりうわさのたかどの》』（スペンサーの風船乗り）の台本を読めば、見世物と歌舞伎が自在に行き来していた時代のわくわくした気分がよく分かる。

「風船乗り」の風船とは、ガスで浮かぶ軽気球のことだ。気球の大きさは周囲八十八尺（約二十七メートル）、直径二十八尺（約八・五メートル）（『読売新聞』明二三・一〇・一四）。石炭ガス、もしくは大量の鉄粉と硫酸から作った水素ガスを詰めて、三、四時間かかって膨らませる。

イギリス人の風船乗りパーシバル・スペンサー（Percival Spencer, 1864-1913）は、ロンドンからジャワ・香港を経由して日本にやって来た。ただの芸人と思ったら大間違い。オランダ領東インド（インドネシア）でのアチェ戦争に従軍し、得意の風船乗りで敵軍を偵察したという触れ込みの、冒険映画を地でいくような人物である。

明治二十三年十月十二日、チャリネと同じく、スペンサーの風船乗りも日本初演は横浜だった。

「氏は軽装して軽気球に駕し、悠然として昇騰《しょうとう》するや、数万の見物は一度に大呼拍手して其の技を賞揚したるに、軽気球は次第々々に小さく見えて、竟《つい》に三千五百尺の高きに昇りし時、氏は節落傘《パラシュート》を開いて軽気球より飛下りたるが」（『東京朝日新聞』明二三・一〇・一四）

スペンサーが気球にぶら下がって上昇し、やがてパラシュートでふわりふわりと降下してくる。それだけのことである。しかし当時のことだから、人間が空高く舞い上がると聞いただけで誰もが目を見張った。地元横浜はいわずもがな、東京からも汽車に乗って見物人が続々とやって来た。高層ビルも巨大タワーもない明治の大空を気球がすいすいと昇っていく。今から思えばなんとものどかな光景だが、観衆の興奮は察するにあまりある。

ひと月後の十一月十二日には、東京で天覧の光栄に浴した。

外国《とつくに》に其名も高き軽気球、

昇る雲井の叡覧《えいらん》に、君の御感《ぎょかん》を蒙《こうむ》りて、
栄誉を得たる英国の、スペンサー氏の離れ業

と、歌舞伎版「風船乗り」の浄瑠璃にもその栄誉がうたわれている。水素ガス製造のために、海軍省が三五〇〇ポンド（約一六〇〇キロ）の鉄粉を調達した。天皇皇后両陛下をはじめ、高位高官のお歴々、学習院の生徒たちまでがずらりと居並ぶ一大行事になった。それまでの雨がうまくやんで、離陸したスペンサーは雲の間をほとんど姿が見えなくなるまで上昇した。翌日の『時事新報』によれば、その高度は二五〇〇フィート（約七六二メートル）。ところが着陸の段になって、雨雲のせいで方向を見失い、お堀に落っこちて警備員に引き上げられた。ぜひ服を着替えてから拝謁《はいえつ》いたしたいと願い出たが、明治天皇より「苦シカラザル旨ノ恩命」があり、濡れ鼠のまま恐縮して御前に進み出た。

　お待ちかねの一般公開は十一月二十四日のことだ。場所は上野公園の博物館前。

「上野公園地に於テ英国人スベ《ママ》ンサー氏風船飛ビ下りの技術を演じけるが、空中に登る事数十丈にして空をも貫くが如し。稍々《やや》空中にありしと見えしが、間もなく根岸の辺りへ下りける。実に奇々の妙術なり」（橋本周延「上野公園風船之図」）

　三つの年に母親の膝の上で風船乗りを見た画家小絲源太郎（明治二十年［一八八七］―昭和五十三年［一九七八］）は、

それから第何回か昔の博覧会、のときスペンサーとかいうこれは風船乗りです。これはわたくし、夢のような記憶があるんです。車の母の膝の上で母がホラ、風船がいま降りる、と。そのときに、風船から煙が出ているんですよ。ケブが見えるわけないんだけど、どうも夢のようで、それ以上は何も分らない。そのころは風船が空へ上がるだけだって大変なことなんです。あれが風船乗りの風船だよ、って言われた記憶だけがあるんですがね。

と、幼い頃の「夢のような記憶」を反芻するかのように語っている（『江戸東京風俗誌』）。なるほど、タテ四枚続きの錦絵「歌舞伎座浄瑠璃狂言　上野公園博物館の場」を見ると、スペンサーから離れた風船が黒い煙を吐きながら飛び去るところが描いてある。しかし小絲の記憶も錦絵の方も、スペンサーの翌月に興行のあったボールドウィン兄弟の風船乗りとごっちゃになっている可能性がある。スペンサーの使った水素ガスが「ケブ」に見えるとは考えにくいが、ボールドウィンのときは薪に石油をかけて燃やし、その熱い煙を風船に詰めて飛んだからだ。「転変して頭部《かしら》を下にし、煙を吐散《はきちら》し」て飛んだボールドウィンの熱気球が『風俗画報』（第二四号、明二四・一・一〇）に描かれている。スペンサーからわずか二週間後に、しかも同じ上野で風船乗りを演じたのだから、両者が紛らわしいのはもっともだ。

またこの年に生まれた中村岳陵（明治二十三年［一八九〇］—昭和四十四年［一九六

九」）が、まさにスペンサーの風船乗りを題材にして「気球揚《あが》る」（昭和二十五年、東京国立近代美術館蔵）を描いている。画面中央にはオペラグラスを携え見事なドレスで着飾った娘。奥で振袖の娘が扇子をかざして見上げる先には、霞《かす》んだ空にぽっかりと気球が浮かんでいる。ことほどさように、風船乗りはとりわけ鮮烈な視覚的イメージをもった、「絵になる」見世物だった。なにしろ一同が魔法にかかったように上空を見上げなくてはならないよ

スペンサー

うな見世物はそれまでになかった。鳥や凧や星以外にも、頭上には注視すべきものがあることを初めて知った。

「何とどこから何処までぎっしりと、大層な人じゃあねえか」「もう十一月の廿日《はつか》過ぎだが、とんと霜枯《しもがれ》のようじゃあねえ」

「何しろ、軽気球で空へ昇るは一人だが、」「何千人という人を、呼ぶのは豪気な事だ」「曲馬だの軽業だのと、種々《いろいろ》西洋ものを見たが、」「海へでも落ちりゃあ命掛け、こんなけんのんな事はねえ」「それを思うと一円でも、なか〳〵高いものじゃあねえ」

見物料は上等が一円、中等が五十銭、下等が二十銭だった。ちょうど「チャリネの曲馬」の椅子席とまったく同じ値段だが、この前年に開場した歌舞伎座の枡席が五人分で四円七十銭だったことを思うと、相当に高くつく見世物だった。

しかし浅草の二の酉の賑わいと重なったこともあって、霜枯れ時にもかかわらず、押すな押すなの大盛況になった。見物人の中に、懐から紙を出してしきりに写生している人がいる。お察しのとおり、菊五郎その人だ。すかさず翌年の一月、スペンサーに扮して歌舞伎版の風船乗りを披露した。西洋風の振りを研究するために、築地の居留地にいるフランス人を招いてあちらのダンスを見せてもらった。天井が高い劇場でなければ、というので場所を歌舞伎座と定め、このたびも手だれの黙阿弥が筆をふるった。

東京市中音楽会によるモダンな洋楽に続き、常磐津《ときわづ》の浄瑠璃がはりきって語りだす。

むら立つ雲も晴れ渡り、小春日和の麗《うららか》に、
そよ吹く風も中空へ、やがてぞ昇る軽気球

いかにも白人男性らしくヌッと姿を現して、客席にお辞儀をするところが大受けだった。黒い背広に縞ズボン、黒いシャッポで登場し、いざ離陸というときには小さな鳥打帽に取り替えるのがお決まりのスタイルだ。

呼吸をはかり一声の、合図の声に押えたる、
綱を放てば忽《たちま》ちに、虚空《こくう》はるかに

菊五郎のスペンサーが気球とともに舞台上方へ舞い上がり、ほどよいところで「時事新報の広告や、平尾の歯磨の広告」を客席にばら撒く。このとき客席にいた少年時代の小山内薫は、「それを取ろうとして、土間の狭い所に置いてあったお茶の土瓶をひっくり返して、母に叱られた」という（「劇場茶話」、『新演芸』大九・三）。頭上からヒラヒラと降ってくる紙切れを見上げれば、誰だって心ときめくものだ。薫少年のみならず、老若男女が争うように宙に向かって手を伸ばした。ちなみに平尾とは日本で初めて西洋式の歯磨き粉「ダイヤモンド歯磨」を売り出した平尾賛平商店のこと。平尾賛平は作曲家平尾昌晃の親族で、日清戦争の時には弁髪付きの首を模した石鹸を売り出し、兵隊の凱旋土産として大ヒットさせたアイ

デアマンだ。この奇抜にして絶好の宣伝機会を見逃さなかった。

スペンサーがゆっくり上へ上へと昇っていき、やがて姿が見えなくなると、舞台背景の博物館の書割《かきわり》が丸ごとひっくり返って一面の大空に変わる。と、今度はごく小さな気球とスペンサーが登場した。ずっと遠くまで飛んで行ってしまった気球とスペンサーを表すのに、「遠見《とおみ》」という江戸時代以来の手法を使った。遠くのものは小さく見える。ならば小さいのを出してしまえ、というのが歌舞伎の発想だ。ミニサイズの風船とともに、菊五郎と全く同じ服を着て、もじゃもじゃのアゴヒゲまでつけた六歳の尾上幸三が吊り上げられた。幸三すなわち後の六代目菊五郎である。幸三は仕込み（舞台設営）のときから「まだ風船は出来ぬか」と大乗り気で、リハーサルも一度で悠々とやってのけ、周りからは思わず拍手喝采が起こった。が、当人の記憶では「実に小児心《こども》にも危険《あぶない》と思いましたよ」「その時の怖かった事は未《いま》だによく覚えている」のだそうだ。とりわけ厄介だったのは付けヒゲで、当時は毛を植えるのにニカワを使っていたからそれがチクチクムズムズして、スキあらばむしり取ってしまうので弟子たちをてこずらせた。

このミニ・スペンサーがふわりふわりと下降してきて気球からパラシュートに乗り移ると、また入れ替わりに大きな菊五郎のスペンサーが登場する。空中で「大の字など好みの芸」を色々披露したというから、鳶《とび》の者の梯子《はしご》乗りを空中でやるようなものだったのだろう。このあたりはスペンサーではなくボールドウィンの軽業を折衷してみせたようで、やっぱり両者はどうしてもひとくくりに扱われてしまうらしい。やがてにわかに強くなってきた風に吹き流され、とうとう舞台の奈落へと姿を消す。宙乗りは歌舞伎のお手のものだが、軽快な浄瑠璃に乗せて噂の風船乗りが空を行く、こんな愉快な宙乗りは初めてだろう。

風に吹かれて根岸に着陸したスペンサーは、人力車に乗って颯爽《さっそう》と花道から上野に戻ってくる。ここで菊五郎はガス樽の上に立ちはだかって、「レデス、エン、ゼントルマン、アップ、スリーサウサンドフィイツ」云々（尾上菊三郎「五代目菊五郎の英語演説」、『新演芸』大一〇・六）と英語の演説をやってみせた。英語の原稿は福沢諭吉が書いてやり、諭吉の甥の時事新報記者今泉秀太郎が、一週間ばかりかけて発音を指導した。それでは貴重な菊五郎の英語によるスピーチをお聴きいただこう。

Ladies and Gentlemen, I have been up at least three thousand feet. Looking down from that fearful height, my heart was filled with joy to see so many of my friends

「歌舞伎座浄瑠璃狂言　上野公園博物館の場」（早稲田大学演劇博物館蔵）

in Kabukiza, who had come to witness my new act. Thank you, Ladies and Gentlemen; with all my heart, I thank you. Kikugoro Onoye　（『一瓢雑話』）

とまあ、これだけの英語を菊五郎がしゃべってのけたわけだ。その発音のほどは想像もできないが、菊五郎の得意満面と観客の呆気《あっけ》にとられた顔が目に浮かぶ。広告の残りを客席に向かってばらまき、歌舞伎版『スペンサーの風船乗り』の前半がいとも賑《にぎ》やかに終わる。

この風船乗りが飛び立つ前には、紙人形の踊りも演じてみせた。「スペンサー氏が昇降までは少々間がござりますれば、お慰みに瓦斯《がす》の気で、一万尺昇りまする理合《りあい》を御覧に入れまする」という口上で、通弁（通訳）が紙を貼り合わせたひらひらの人形にガスを吹き込む。人形の足に結んだ糸から手を放すとふわふわと天井へ上っていく。今度はポンチ絵のような奇妙な人形にガスを入れて、客席に向かって飛ばしてみせる。もちろん本物のスペンサーの興行でもこういう余興がついていた。「今度は大人形を御覧に入れます」となると、菊五郎扮する紙人形が舞台袖からかついで運ばれてくる。足からガスを入れるとしゃっきりと立ち上がり、生きているように踊りだす。市中音楽会の洋楽と常磐津《ときわづ》の浄瑠璃とが絶妙の掛け合いを聞かせたところだ。

足の先より瓦斯の気を、入る日まばゆく散る紅葉、
そよ吹く風に膨みて、木蔭に宿る鳥ならで、

ぱっと飛行く足の糸、引戻されてしゃんと立つ

このとき通弁役の尾上幸蔵が浄瑠璃に合わせて人形の糸を引くのだが、引っぱりようが悪いといって毎日舞台上で菊五郎にダメ出しをされた。あんまり小言が続くので師匠とはいえ

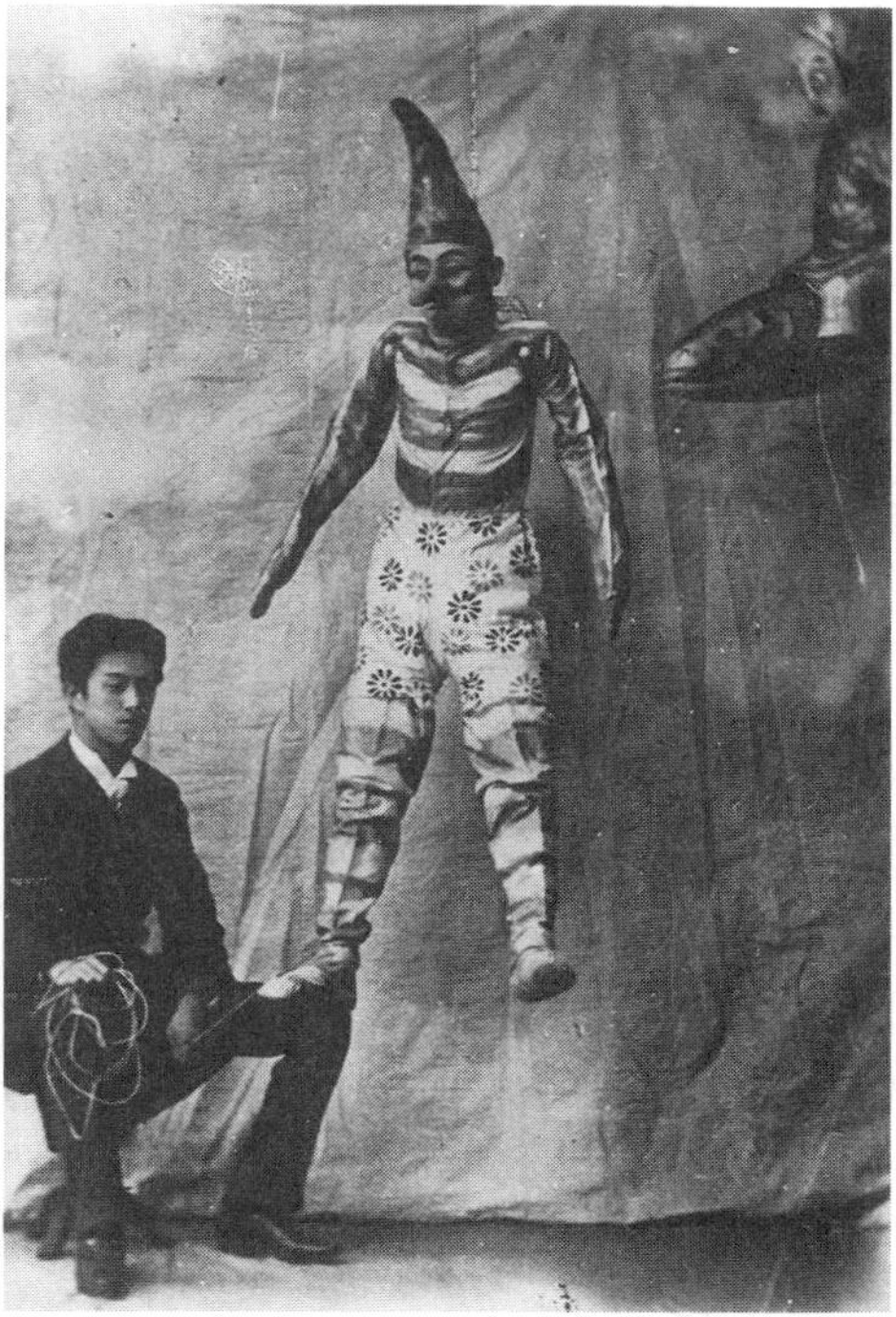

紙人形（東京文化財研究所蔵）
この写真について、「東京文化財研究所芸能部所蔵五代目尾上菊五郎舞台扮装写真」は未詳としているが、人形と、糸を引く通弁（写真は六代目尾上梅幸）の扮装や位置関係が早稲田大学演劇博物館蔵の絵本番付と酷似していること、画面右に糸の付いた「小さなポンチ画のような人形」が見えること、また『一瓢雑話』にも菊五郎演じるスペンサーの写真と併載されていることから、『風船乗評判高閣』の紙人形の写真とみて間違いない。

幸蔵もムカッ腹をたてていると、ある日菊五郎の妾宅に呼ばれてごちそう責めにあった。「お前怒って居るな、今日の様に引張れば、何も舞台で小言など云ヤーしない」。菊五郎はこういうときにスッと人の懐に入るのがうまい。場合によっては弟子のご機嫌をとってやることも忘れない。帰りには幸蔵が普段欲しがっていた煙草入れを気前よくくれてやった。

紙人形にはやがてぽっつり穴が開く。たちまちぐにゃぐにゃにしぼんで倒れた人形は、またよってたかって舞台袖にかつぎ出されてしまう。小山内薫は、

其の菊五郎の人形が、いつの間にかぐにゃ〳〵になって、元の紙の人形に戻る所、その変化がひどく巧妙だったと覚えている。私はずっと大きくなってから、西洋という所へ行って、露西亜のニジンスキイという人のペトルシカという人形振りの踊を見てひどく感心したが、その感心と雖《いえど》も、少年時にこの菊五郎の紙人形を見た時の感心には迚《とて》も及ばなかった。（「劇場茶話」『新演芸』大正九・三）

と、この菊五郎の紙人形を絶賛している。

糸操りや文楽の人形の動きをまねる「人形振り」は江戸時代からあり、明治二十年四月の天覧歌舞伎の大舞台では、菊五郎は『操り三番叟《さんばそう》』を踊っている。しかし西洋渡りの紙人形の振りは菊五郎の新機軸だった。どうもこの頃の菊五郎は、こういった人形の動きをまねる演技に特に興味をもっていたらしい。

例えば二十六年一月歌舞伎座の『奴凧廓春風《やっこだこくるわのはるかぜ》』。奴凧の奴さんが浮かれて踊り出し、最後は風に吹き飛ばされて飛んでいくというだけのなんとも他愛のないものだが、それだけに下手な役者がやると目も当てられない。ところが菊五郎の驚異的な身体能力とあふれんばかりの愛嬌のおかげで、理屈抜きに「ただあっと申すばかり」「見物一同手を打って喜びたり」という魅惑的なだしものになった。

『奴凧廓春風』の奴凧

当人望んで出されたる軽業物なれば、点の打ち所のあろうはずなく、ただあっと申すばかり。初め押出したときの顔の作りから髯《ひげ》の附工《つけぐ》合《あい》、腕組をしてふんばった形、この前の〈『風船乗り』の時の〉紙人形の時も当てられたるが、今度もやはり紙鳶《たこ》そのままにて恐れ入たり。釣上げられてからの振も窮屈らしいところ微塵もなく、こらこらと浮かれかえって躍ってござるのんきさ加減、不思議不思議。手拭を投るときべっかっこをしたり、じゃんけんをする愛嬌には見物一同手を打って喜びたり。とりわけ目を驚かしたるは、「くるり〳〵と」のところにて、風車のように宙でぐるぐる廻られる離れ技にて、それより風に吹とばされての引込みまで、当時外に仕手《して》のなきけれんもの　（三木竹二『観劇偶評』）

凧絵の奴さんそのままの見た目はもちろんのこと、宙乗りで吊り上げられ、しまいには空中でぐるぐる回転しても、体のうちに窮屈で不自然なところがちっともない。絵を生身の体で再現してみせる物真似の巧みさも含めて、隅々にまで行き渡った菊五郎の身体制御能力はただごとではない。

その翌年の七月市村座では、これまた人気の舶来見世物をまねたキワモノ『鈴音真似《れいのおとまねて》操《あやつり》』で、「ダークの操り人形」を演じた。ダーク一座は日本に初めて西洋のマリオネットを持ち込んだ一座で、「ダーク一座の傀儡《あやつり》芝居を見ぬ者は当世の通ならずと云囃《いいはや》し、我先《われさき》と争うて見物する紳士粋客、日一日より数を増し、昨今は開場前に附込《つけこ》んで〈予約して〉場所を取る程の景気なり」（『東京朝日新聞』明二七・五・二六）というほどの人気を集めた。「空中に金殿玉楼又は河海山野の光景などを顕わし、或は縄上の軽戯、竹鳥の劇芸、縄上椅子の曲芸、棒の戯れ、土耳古《トルコ》人の魔術、奇異なる音楽の合奏、美人集りの演舞」（同　五・一八）と、かなりバラエティに富んだレパートリーをもっていたらしい。マリオネットの動きがよほど目新しかったとみえて、漱石の『坊っちゃん』（明治三十九年）にも「こっちでは拳を打ってる。よっ、はっ、と夢中で両手を振る所は、ダーク一座の操人形より余っ程上手だ」とひょっこり顔を出している。

この芝居では菊五郎が足長の人形、道化師の人形、それに骸骨に扮した。「菊五郎丈の足長の人形、この前も『ちゃりね』を摸《うつ》してわれ等《ら》を呻《うな》らせたる器用者の大将ほどありて、麦酒を飲む可笑味《おかしみ》の中に手軽な振事は、外に類なき面白さなり」（『歌舞伎』第一五九五号、明二七・七）と、持ち前の愛嬌、軽妙さ、それに人形劇の舞台装置をそっくり模した凝りようがあいかわらず竹二に褒められている。それでもさすが目利きの竹二だけあって、「『ちゃりね』のとき程に受けぬは、役者の体を人形に比べるとどうしても寸法が延び過ぎて居るがためなるべし」（同）と、人間が人形をまねる限界を冷静に指摘しているが、ともあれ本書で何度も触れる菊五郎の「本物そっくり」への情熱は、生身の人間のみならず、爪絵や人形までにも及んでいた。

それにしても奴凧だの足長のマリオネットだの、こういう妙な役をイソイソと、おそらくは嬉しそうに演じた菊五郎を、観客たちはどう見ていたのだろう。「奴凧」の評の中で竹二が書いている。

「かかることは俳優の大家たるものの須《すべから》く行うべきところにあらずというような片意地ものを除きては、大受《おおうけ》大受との評判なり」

すでに劇界を代表する役者としての地位を確立した菊五郎が、紙人形でぐにゃぐにゃになったり、奴凧になってぐるぐる回されたり、そんな奇抜で下品なことをすべきではない。と眉をひそめたのはほんの一部で、そういう「片意地もの」を尻目に、客席はただ大受けに受けた。

この『スペンサーの風船乗り』への劇評は、「爰《ここ》というて見る所もあり升《ま》せんが、都《すべ》て流行をうがつ所と見物の気を取《とる》手際の働らきの程は、実に恐れいり升《まし》た、憾伏《かんぷく》〳〵」(『新報』第一二二三号、明二四・二)と意外にそっけないが、それももっともだ。風船乗り、それに奴凧にしてもダークの操り人形にしても、浄瑠璃仕立ての短い一幕物であって、とりたてて筋道のある深いストーリーが展開するわけではない。とにかくその場そのときに自分の目で、踊る菊五郎を見ること自体が楽しみだった。「爰《ここ》というて見る所」がなくとも、「流行をうが」ち、「見物の気を取」りさえすれば、キワモノとしては大成功だった。

ところがそれゆえにこそ、この手の芝居は再演が難しい。再演するとどうしても流行からタイミングがずれるからつまらない。また菊五郎をおいて他に演じられる役者などいない。後から台本を読んでも肝心のところは「よろしくあって」としか書いてないから、どこが面白いのかよくわからない。その場そのときに居合わせた者だけが眼福の権利をもっている。もともと芸能とはそういうものだが、特にキワモノの賞味期限の短さときたらお話にならない。したがってキワモノは歴史に残らない。

なら歴史に残らないものは値打ちのないものか。五代目柳家つばめの名著『創作落語論』が明快に答えを出してくれる。「噺」「落語」のところに「歌舞伎」と入れて読んでいただきたい。

「残った、ということと、名作である、ということを並べる方がおかしい。ただ、残ったというだけで評価するのは、目の前にある証拠だけで考え、事件の裏を見ようともしない、なまけ者の判事の結論と同じようなものだ。消えた噺のなかに、たくさんの名作があったはずだ。いや、むしろ、真の名作は、消えたなかにこそあったろう、と私は思う」

「文学鑑賞のセンスは、あまり時代によって左右されない。だから、文学的である、ということは、もっとも残りやすい条件の一つなのである。しかし、ちょっとことわっておくが、落語は、文学そのものではない。落語に優れた文学性を求めることは可能であるが、優れた文学だからといって、落語たり得るものではない。文学と落語とは、べつのものである。落語は、話し、聞き、そして形として残らない、その刹那を大切にする芸なのである」

「俳優の大家」である菊五郎が演じてさえ、今日に残ったキワモノはごくわずかに過ぎない。それでもそれが菊五郎だっただけに、彼のキワモノ歌舞伎をしのぶ痕跡、つまり錦絵や文献資料は段違いにたくさん残っている。キワモノ好きにとってはありがたいが、一方でなんの痕跡も残さず見事に消えていった星の数ほどのキワモノを思うと、芸能とはなんと不思議な営みだろうと感に打たれる。

さて後半の舞台は上野博物館前から浅草公園へと移動する。明治の東京を象徴するランドマークといえば、まずは浅草十二階こと凌雲閣《りょううんかく》である。十階まではモダンなレンガ造りで、その上の二層は木造。高さは一七三尺（約五二メートル）あった。八階まではエレベーターが付いているが、たいてい故障しているから休み休み階段を上っていく。各階に窓が切られていて、下界を手にとるように眺めることができる。その凌雲閣の上から風船乗りを見物していた芸者や金満家の旦那たちが、茶店に集まってあれこれ評判をしている。「面白いの面白くないのと、上《あが》る所《とこ》から落ちる所まで、目の下に見える十二階、風船の御見物は凌雲閣に限ります」

凌雲閣が開業したのはこの年の十一月十一日だから、風船乗りの二週間ばかり前になる。ここに菊五郎扮する三遊亭円朝がやって来る。写真を見ると、猫背で少し着物の衿《えり》の抜けた具合、考え深そうな表情まで、鏑木清方《かぶらききよかた》描く円朝の肖像画とぴったり重なって見えるから不思議だ。声色はもちろんのこと、高座で見せるちょっとした仕草まで克明にマネしてみせたのが大受けだった。「ト円朝の思入にて俯《うつむ》いて笑い」と台本に指定のあるところをみると、円朝にはうつむいて笑う癖があったらしい。

不始末をして大阪にやられていた菊五郎の養子菊之助が、許されて帰京したばかりだった。円朝の弟子の梅朝に扮して、劇中で復帰お披露目《ひろめ》の口上を述べてもらった。そんなこともあってか、台本を読むとじゃれ合うかのような楽屋落ちの連続が少々鼻につく。やはり菊五郎の嫌味のない芸風あってこその楽しさだったのだろう。

やがてその場の人々がかわりばんこに踊りを見せあい（「仕抜き」という）、最後は「あゝ、昔へかえって踊りましょう」と円朝がおかめの面で踊ってみせて総踊りとなる。この浅草の場面は一見華やかに見えるが、前半の風船乗りのうきうきした浮揚ムードとは幾分印象が違う。神山彰が「舞台が変って、浅草に移ると、黙阿弥一門の筆は馴染みの調子を取り戻すかに見える」（『河竹黙阿弥集』）というように、既視感を感じさせるほどのいかにも安定した書きぶり。しかしそれだけに、肩越しに幕末を振り返るかのような、どこか古めかしい、モノクロフィルムのごとき郷愁が漂う。

黙阿弥の人生は明治維新をほぼ真ん中に挟んでいる。時代の波にもまれながら、黙阿弥はその名のとおり黙して淡々と己の仕事を続けた人だった。果たしてこの芝居で彼が本当に書きたかったのは、前半と後半のどちらだっただろう。あるいは菊五郎が嬉々としてスペンサーと円朝とを演じ分けたように、一枚のコインの裏表、黙阿弥にとってはどちらも一本の筆先を通して見た世間の姿だっただろうか。

三遊亭円朝

風船乗りを見物にやって来た百姓畑右衛門はこう述懐する。

先《ま》ず長生きをしたお蔭には、大地震から大暴風雨《あらし》、画《え》ばかりでなく本物の、戦《いくさ》を現に見ましたが、異国からさもいろいろな珍らしいものが来ましたが、象や虎は目古くなり、今度風船乗りを見ますのは、今の世界の有難《ありがた》さ、田舎へ土産になりまする。

田舎者の畑右衛門の目にも、もはやチャリネの連れて来たような象や虎は「目古く」なったという。地震だろうが戦争だろうが風船乗りだろうが、とにかく珍しいものを「見る」ことが彼らの心を占めていた。浅草十二階をバックに舞い上がる風船乗り。ふと我に返ると口をあんぐり開けて上ばかり眺めている。人々の視線は中空を突き抜けて上へ上へと伸びていく。

この時代に視線といえば、パノラマに触れないわけにはいかない。日本初のパノラマ館は、明治二十三年（一八九〇）五月七日、上野公園内におよそ五万円の資本をかけてオープンした。新聞には「パノラマとは、光線の作用に依り絵画を実物の如くならしめ、観人《みるひと》其身をして、実境に臨むの思いあらしむるの一大美術たり」（『東京日日新聞』明二三・五・一六）と仰々しい宣伝文句が並んでいるが、具体的にはこういうものだ。ほぼ円筒形の壁の内側に、遠近法を巧みに使って景色や人物の絵をリアルに描き、それを円筒の中心にある展望台から見物する。たいていは絵だけでなく木・岩・人形などのオブジェも配置されているから、視界三六〇度に展開する巨大ジオラマだと思えばいい。観客は居ながらにして外国の町や戦地の風景、歴史上の場面などのただ中に身を置き、それらを擬似体験することができる。例えば上野のパノラマのテーマは「奥州白川大戦争図」で、戊辰戦争での白河の戦いを再現してみせた。

その半月後の五月二十二日には浅草にも「日本パノラマ館」がオープンし、こちらはアメリカ南北戦争でグラント将軍が活躍する場面を描いた。周囲の絵の中に溶け込むように等身大の人形をぐるりと配置した。

此パノラマは高二十間、周囲八十間にして、十六角を為《なせ》る所に環列し、其人物の図は真の人体と大小相均《あいひと》しく、看客の眼前最も近き所に実物を配置し、其先に絵画を環列して実物と連続せしめ、光線を人の眼裏に反射し、絵と実物との差別を分《わか》つに苦しましむる妙あり（『東京日日新聞』明二三・五・一六）

「特に陳列中、画と実物を交《まじえ》たる所、その何《いず》れが実物にして何れが画なるかを分《わか》たず妙なり」（『東京朝日新聞』明二三・五・二四）というように、絵とオブジェとの境目を視覚的にいかに消して見せるか、いかに見物客の眼をあざむき本物の景色のように錯覚させるかがこの見世物の肝《きも》だった。「師団司令部の将校等の立っている向うの方に、火災の煙が上って天を焦がすところで、その煙がむくむく動くように見えていたものである」（「三筋町界隈」）という斎藤茂吉の思い出話は、当時の人々が初めて目にする、パノラマの不可思議なリアルさをよく伝えてくれる。

なにしろ戦争はパノラマにうってつけのモチーフだ。武装した兵士（時には死体）、軍馬、大砲、旗印のひるがえる陣営など、目を引く小道具に事欠かない。またたいていは見晴らしのいい野っ原が戦場になるから、狭い空間をいかに広く錯覚させるか、というパノラマにはもってこいだった。背景画の天地の切れ目が目に入らないよう、展望台の屋根や岩の置物などによって視界が上手に区切られている。天井には明かり取りがあって採光も計算されている。浅草のパノラマ館の場合なら、周囲八十間（約一四五メートル）、すなわち直径約四十六メートルの丸く閉じた空間に、見渡す限りの広野を出現させる。展望台をひょいと降りて歩いていけば、そのまま地平線の彼方《かなた》の見知らぬ土地まで行けてしまいそうな気になってしまう。それが外国の風景ならばなおさらのこと、噂に聞いた外国というものが、自分の立っている東京の地面と地続きであり、自分の足で到達可能な場所であることを実感することができた。風船乗りや浅草十二階が見上げる・見下ろすという垂直軸のダイナミックな視線を開拓したとすれば、このパノラマはひたすら水平方向へと伸びていく視線を提供したといっていい。

パノラマ館の開場、浅草十二階の開業、スペンサーの風船乗り。これらすべてが同じ明治二十三年の出来事だ。つまりは人々の眼の欲望が、垂直・水平の双方向へと際限なく、爆発的に伸びていった時代だった。その視線の行く先には、一方にぽっかり浮かんだ風船があり、一方にキナ臭い戦争があった。

第四章
軍服を着た菊五郎

尾淵中将

風呂屋の亭主と上野の宮様——『皐月晴上野朝風《さつきばれうえののあさかぜ》』（明治二十三年）

今の上野公園を歩いても、かつてこの辺りが血なまぐさい内戦の舞台になったことを実感するのは難しい。その年は三月・四月とびしょびしょ雨が降り続き、あちこちのドブから水があふれる、上野界隈の低地でも行き来に難渋したという。慶応四年（一八六八）の五月十五日。五月雨の名にふさわしく、陰鬱な空から雨がぱらぱらと落ちていた。江戸にくすぶる旧幕分子を新政府が一掃したという象徴的な意味では、この日が江戸にとっての江戸時代最後の日だったといってもいい。

旧幕臣を中心に結成された彰義隊と、軍師大村益次郎率いる新政府軍とが戦った「上野戦争」。半日あまりの戦闘で彰義隊はあっけなく壊滅するのだが、上野の山には舶来最新式の大砲が撃ち込まれ、あちこちに火の手があがった。往来では頭上をかすめて弾丸が飛び交い、生首をぶら下げた歩兵がうろうろと歩き回った。賊軍と決まった彰義隊士の死体はいたずらに切りつけられ、ぬかるんだ道ばたに放置されて腐臭を放った。「公方《くぼう》様のお膝元」での生々しい市街戦は、誇り高い江戸人の記憶に衝撃的な光景として刻み込まれた。

菊五郎このとき二十四歳。ただしこの八月に五代目尾上菊五郎を襲名することになるから、正確に言えばまだ市村家橘《かきつ》だ。十八歳で弁天小僧を当ててから、花形役者として着実に人気と実力とを身につけてきた。「菊五郎の名前を継ぐのは家橘しかいまい」と劇通の期待を集めていた。若さと勢いがあり余って怖いもの知らずの時分だった。

いよいよ上野で戦争が始まるというので、弟子の三八《さんぱち》、音五郎《おとごろう》を連れてわざわざ見物に出かけた。身を案じて必死で止める女房お里を「そんなに愚図愚図言うなら出て行け」と怒鳴りつけ、勇んで家を飛び出してきた。

「あの戦場は講釈などでやるように騒々しいものではございません。誠にヒッソリとしている間に、ヒウヒウと鉄砲の弾が飛んで来るのと、遠くで打つ鉄砲の音が豆を煎るような音に聞こえるだけなので」

「誠にヒッソリ」というのが生々しい。本当の戦場はそんなものなのだろう。もとより身体感覚は人並みすぐれて鋭敏な菊五郎のこと、ただならぬ気配を感じて早々に引き返したが、来るときは開いていた門が閉じられていて出られない。しかも官軍の兵士がドキドキするような抜き身をひっさげて立っている。

「私たちを見ると、『人足《にんそく》〳〵、これを運べ』と畳を渡されましたから、これを持ったら表へ出られるだろうと、私をはじめ二人とも畳を二畳ずつ一生懸命で担ぎまして、やっとくぐりから出してもらいました」

神妙な顔で畳を運んだ。戦場では花形役者もかたなしだ。無事に門を出たところで畳を放り出し、ざっと五十人くらいの野次馬に混じって様子を見物していた。料理屋「鴈鍋《がんなべ》」の屋根へ兵がのぼり、お山へ向けてしきりに鉄砲を撃っている。と、十人ほど離れたところに立っていた印半天《しるしばんてん》の男が、流れ弾に当たってだしぬけに前へ倒れこんだ。野次馬はわっと散ら

火消し装束の菊五郎

ばって、菊五郎も一目散に走り出す。途中で四、五人の彰義隊士が民家の戸障子を積み上げて火を放ち、襖《ふすま》で一生懸命あおいでいるのを見た。しまいには田んぼの泥に腿《もも》まで突っ込みながら命からがら家に帰ったら、お里の訴えで伯母さんが来ていて、鉄砲玉ならぬお小言をしこたま食らった。後には「真の戦場《いくさば》を役者で見たのは私一人でございましょう」とのんきな自慢話になったが、流れ弾にも当たらず無事にすんだのは、菊五郎のみならず歌舞伎の歴史にとって幸いだった。

火事と喧嘩は江戸の華という。喧嘩はさておいて、菊五郎の火事道楽は有名だ。ジャンジャンという半鐘が聞こえると何をおいても駆けつける。ただし周到な準備が必要で、本職の火消しが着る刺子《さしこ》半天をきりりと着付け、形が気に入るまで手拭いをかぶり直し、全身を何度もチェックしてから、やおら景気をつけて走り出す。行くとたいてい火事は消えていた。つまりは火事にかこつけて、自分のイナセな姿を知り合いに見せびらかしたかったのだ。茶屋遊びの最中に火事の噂を聞くと、小袖なんぞ着てノコノコ行けるものかと、大道具方の長谷川勘兵衛の家へ駆け込んで刺子半天を借り出した。その姿を見てもらいたいばっかりに、火事はとっくにすんでいるのにそれからそれへと五日間遊びまわった。心配顔の長谷川が半天を取り戻しにやって来た。

弟子の扇蔵《せんぞう》の家にたまたま近火があり、その格好で火事見舞いに押しかけたこともある。慌てて熱燗と肴を用意した扇蔵に、「酒なら玄関で立ったまま冷やを飲ませてくれ、肴は掌に沢庵をのせてくれればいい」と自ら演出を指定した。菊五郎にとっては火事も戦争も祭りもおんなじようなものだ。稚気あふれる、というよりも、世界のすべてはいったん芝居というフィルターに吸収され、それから菊五郎の前にたち現れた。

さてここではこの上野戦争を本格的に劇化した『皐月晴上野朝風《さつきばれうえののあさかぜ》』を紹介しよう。上野戦争や彰義隊を扱った歌舞伎作品はそれまでにもいくつかあったが、これこそ決定版、と評された。上演当時「戦争のような芝居か、芝居のような戦争か」と評判になった迫力満点のキワモノだ。舞台に立ちながら菊五郎も、豆を炒るような鉄砲の響きや、流れ弾に崩れ落ちる男の姿を、ありありと思い出したことだろう。

黙阿弥の高弟竹柴其水《きすい》が書いた『皐月晴上野朝風』は、戦争から二十二年、すなわち彰義隊の二十三回忌という記念の年に鳴物入りで上演された。ことさらに鳴物入りというのは、今日でいうプロモーション活動がいかにも派手に行われ、それが新聞や雑誌で続々と報道されたからだ。もちろん座頭《ざがしら》である菊五郎の行動は、特に念入りに報道されている。

例えば『読売新聞』に載っている「菊五郎の投書袋」と題した雑報（明二三・五・一

三）。菊五郎が上野の戦争を演じるという評判が広まるにつれ、自宅に毎日数十通もの投書が舞い込んだ。「あの戦争のことならぜひひと言申し上げたい」という、思い入れの強い観客が多かったのだろう。またその投書が役者の菊五郎あてに殺到するというのも面白い。観客と菊五郎との心理的な距離がうんと近かった証しだ。菊五郎は届いた手紙をいちいち大切に袋にしまって、訪ねてきた知り合いに見せては悦に入っていた。新聞は「流石《さすが》は芸道に熱心なる程あって」ともちあげているが、子供っぽいほくほく顔が思い浮かんで、どちらかというと微笑ましい光景だ。

　ちょうどこの前後には、出演者一統で彰義隊の墓参りに景気よく繰り出そうという計画もあったらしい。「多分来《きた》る十二三日頃、菊五郎、左團次、芝翫、福助、その他の俳優一同は、上野彰義隊の墓へ参詣して、帰路には松源楼《まつげんろう》にて昼飯を喫したる上へ新富町へ引き上ぐるという」（同紙、明二三・五・七）。松源楼は『皐月晴上野朝風』にも彰義隊幹部の会合場所として登場する上野随一の料亭。戦時には新政府軍の拠点となった。身なりは西洋式を遠ざけてなるべく旧幕の古風にのっとろうという趣向で、五つ紋の付いた黒の羽織に仙台平のマチ高袴で立派に押し出す。ところが困ったのは散切り頭の処理法だ。まさかにチョンマゲのかつらをかぶるわけにはいかず、「いかなる奇才子の菊五郎も小首を捻って考えた」。結果、「やむを得ず帽子をかぶる事」と一決した。

　随分と細かく行き届いた報道ぶりだが、「同座も俄《にわ》かに昨日より開場する事となり、とても一同うち揃いて参詣しがたし」（同五・二三）というごもっともな事情により、あっけなくこの話は立ち消えになった。要するに楽屋の噂話が先行流出したに過ぎなかったのだろう。しかし主要な三役を勤める菊五郎は、作者や弟子を伴って、まめに彰義隊士の墓に足を運んだ。放置されて荒れ放題になっていた天野八郎の墓も、菊五郎が修繕をかってでた。天野八郎は彰義隊の実質的な隊長で、敗戦後本所で潜伏しているところを捕らえられ獄死した人物。本作の一番の主人公であり、もちろん菊五郎が演じることになっていた。

菊五郎は一昨日をもって竹柴其水氏を誘《いざ》ない、己《おの》が勤むる天野八郎（彰義隊の隊長）の墓へ参詣したりという。天野氏の墓は千住小塚原なる回向院の下屋敷にあり、建立以来十八年の星霜を経るも、絶えてこれを修繕するものあらざれば、既に大破に及び居たるをもって、この際菊五郎がその大修繕を加える事となれり。かつ同人はその帰途三輪町なる円通寺へ赴き、同隊の戦死者五百四十名の墓へも参詣したりという。（同）

天野八郎

この記事を読んだ天野八郎の娘すず子から、御礼と事情説明の手紙が菊五郎に寄せられる。五月二十九日の同紙にはなんとその全文が掲載されているが、「浴衣は鼠地に香車を染めたるを用い」「性来大酒にて一升位は飲み申し候」と天野の日常を細かく伝える文面は、菊五郎のみならず読者の好奇心を大いに刺激したことだろう。さなくとも凝り性の虫を抑えきれぬ菊五郎は、早速写真や家紋をすず子から借り出し、衣裳方に注文をつける。もちろんすず子を新富座に招待してもてなす。ご丁寧にそのいちいちが新聞記事に書き込まれている。

さて五月二十二日にはめでたく『皐月晴上野朝風』の初日が明く。当時はいったん初日が明いても数日間は、上演時間はもちろん上演内容さえ定まらない。幕の途中でぶっつり終演になる、一幕がまるまるカットされる、あるいはそこだけ別の演目に差し替えられる、ということが普通にあった。それが落ち着かないという人は、日が経って芝居の中身が固まるのを待ってからおもむろに足を運ぶ。しかし『歌舞伎新報』の報じるところによると、まだ芝居の固まらないうちから続々と付け込み（予約）が入り、連日の大入満員がうち続いたというから、よほど前評判が高かったのだろう。さらに今と違って、いったん当たれば客足が落ちるまでいつまででもやり続ける。早々に七月までの日延べ（期間延長）が決まるという上景気だ。

約ひと月後の六月十五日には、千住円通寺の彰義隊の墓前で二十三回忌の大法会が催された。法会とはいえ、芝居関係者にとっては景気をもう一倍煽《あお》りたてるダメ押し的なイベントにほかならない。参列者には榎本武揚、澤太郎左衛門、田邊太一、榊原鍵吉ら旧幕臣が名を連ねた。新富座からは菊五郎をはじめ、家橘、小團次、栄之助、栄次郎、そして作者の其水。文部大臣榎本武揚も列席の一大イベントに、新富座の連中がうまく乗っかった格好だ。新聞には「菊五郎は銅花瓶一対（高さ二尺程にて白銅製蓮花を挿《さしはさ》みたるもの）を、小團次は牡丹の造り花一対を奉納し、且つ新富座楽屋、茶屋、出方《でかた》〈営業スタッフ〉等より供物米百三十余袋を、團十郎、菊五郎、左團次、芝翫、小團次はじめ俳優《やくしゃ》一同よりは金二十五円を奉納したるよし」とまたしても詳細きわまる解説が付く（同六・一六）。念仏供養の他に、武士の遺風をしのんで剣の演武も行われた。しかし「まことに彰義隊には斯様《かよう》の武士多かりしなり」（『竹の屋劇評集』）と評された、リアルな役作りの天野八郎がヒット中だった菊五郎にこそ諸人の目は集まろうというものだ。現代でも役者が演目ゆかりの人物の墓参りをするのはお定まりの宣伝方法で、「キャンペーン」などとミもフタもない名で呼ばれることがある。美貌の役者が墓碑の前に瞑目《めいもく》して神妙に手を合わせる。まことに絵になる風景だが、フレームのこちら側はなんとも騒々しい。新聞記者たちが押し合いへしあいしながら一心にカメラを覗いている。とはいえ賑やかなキャンペーンも、いやそもそも芝居のタネになることだって、考えようによっては供養の一環だ。

役者に負けず劣らず、芝居の登場人物のモデルになった戦争関係者がしょっちゅうメディアに顔を出す。元幕府講武所師範の剣豪・榊原鍵吉が、門弟を引き連れて稽古着・野袴《のばかま》姿で総見をする。彰義隊の生き残り秋元寅之助が、役者たちに実戦仕込みの立廻《たちまわ》りを指導する。戦死した後藤鉄次郎の弟が、鉄次郎を演じる小團次に形見の刀を贈呈する。これらのいちいちが新聞雑誌で話のタネとなって人々の好奇心をちくちくと刺激し、はからずも、ではなく、はかったとおりに芝居の大入りに貢献した。それだけ劇場の外での話題に事欠かない芝居だった。上野戦争・彰義隊は、人々の記憶や思い出を次々にひっぱり出さずにはおかない。今のわれわれが明治二十三年と聞いてもピンとこないが、彰義隊二十三回忌といえば、当時の人々にとってはまことに特別な年だった。だからこそこのキワモノ『皐月晴上野朝風』は大成功を収めた。

肝心の芝居の中身はどうだったろう。まず話題になったのは迫真の戦闘シーン。「火を懸け本雨を降らせ水火の戦いを見せ、大喝采を博したり」(『続々歌舞伎年代記』)、「本雨を使って南京花火〈爆竹〉や鼠花火でポンポン、パチパチ、女子供は耳を押えて見物する、今なら新国劇そこのけの大活劇だった」(鏑木清方『明治の東京』)と、火事・雨・鉄砲の派手な仕掛けが大評判になった。スペクタクルに慣れっこのわれわれから見ればさぞかしたわいないものだったろうが、火薬の音さえ聞きなれぬ当時の観客にとっては瞠目驚嘆すべき舞台だった。その賑やかさは錦絵からも伝わってくる。画面を横切る真っ赤な直線が飛び交う弾丸を表している。新奇な仕掛けをもち込んで、観客の目と耳を驚かす。まさに菊五郎の得意ワザだが、当時の歌舞伎はそれを難なく受け入れるだけの広い懐をもっていた。「古典芸能」という座布団の上にチンと収まる以前、歌舞伎はバイタリティあふれる「見世物」の親玉でもあった。

森鷗外実弟・森篤次郎《とくじろう》こと三木竹二はこう書いた。「『上野の戦争』にては火焔の堂の間より閃《ひらめ》きのぼり、烟《けむり》の廓にまわるさまなどおもしろし」。しかしただそれだけのこと。芝居の台本としてはいかにも拙劣粗雑である。「ただ耳を閉じて目に堂の燃ゆるを見、鼻に烟消の臭を嗅がば、上野の戦争ということは分るべし」（『観劇偶評』）。日本初の理論的劇評家にして近代劇評の祖といわれる竹二のこと、目くらましめいたドンパチに驚き喝采する観客の姿を、さぞや苦々しい思いで眺めていたのだろう。どちらかというと古風穏健な筆遣いの饗庭《あえば》篁村《こうそん》も、この点については「作者の不名誉、俳優の恥辱」とえらく手厳しい。「趣向がよくべし。ドンチャングワン〳〵只騒ぎてごまかし道具で見せずとも、見物に火とか水とかの感じは起る技芸さえ上手なら、あながち火を見せず水を見せずとも、見物に火とか水とかの感じは起るべし。ドンチャングワン〳〵只騒ぎてごまかし道具で見せるなら、俳優は誰でもよく、芸の妙を何処にか認めん」。まことにごもっとも。

しかし興行は大成功だった。人気の理由はドンパチだけではなかったと岡本綺堂が証言している。

新富座では上野の戦争をするという評判が開場前から市中にひろまった。勿論、座方の方でも種々の宣伝に努めたらしく、上野の宮様を福助が勤めるとか、その当時まだ現存していた下谷の湯屋の亭主を菊五郎が勤めるとか、なんとか彼とかいう噂が毎日の新聞紙上を賑わしていた。（略）上野の戦争の場などは訳もなく大喝采で、福助の僧光仁が草鞋《わらじ》穿《ば》きで上野を落ちるくだりなど、その光仁が何びとであるかを想像して、ひそかに涙をぬぐう老人もあった。

（『明治劇談　ランプの下にて』）

いくつか注釈が必要だろう。「上野の宮様を福助が勤める」。上野寛永寺の門主には、親王が輪王寺宮《りんのうじのみや》を名乗って就任するならわしだった。これがすなわち上野の宮様。天皇やお公家さんと比較的縁の薄い江戸の人々にとって、上野の宮様は唯一身近にその存在を感じられる貴種だった。しかし時の輪王寺宮能久《よしひさ》親王は、東征大総督有栖川宮《ありすがわのみや》熾仁《たるひと》親王への停戦の嘆願を一蹴され、彰義隊に擁立されて寛永寺にたてこもる格好になっていた。いよいよ総攻撃が始まると、江戸を逃《のが》れて奥羽列藩同盟の陣取る東北へと落ちのびた。「その光仁が何びとであるか」。つまりはこの宮様の姿を写している。品格の高さで聞こえた若手役者・中村福助（後の五代目歌右衛門）には、まさにうってつけの役どころだったろう。「草鞋《わらんじ》はこう召すものと涙ぐみ　遠く聞こゆる鉄砲の音」。こんな付合《つけあい》が観客の口の端にのぼった。宮様がいざ出発しようとすると、今まで草鞋など履いたことがないので履き方がわからない。宮様のおみ足に草鞋の紐を結びながら、おいたわしさに思わず涙がこぼれたというのである。鏑木清方の知人疋田某はこのとき実際に宮様のお供をしたが、後に『皐月晴上野朝風』をさして「あの通りだった」と語ったという。

　黙阿弥の『狭間《はざま》軍記鳴海録《ぐんきなるみのききがき》』（明治三年）から真山青果『彰義隊』（大正十四年）、松居松翁『上野の戦争』（昭和三年）に至るまで、芝居の上野戦争物・彰義隊物では、宮様がわずかな供を連れて落ちのびる場面が必ずといっていいほど上演された。かつて芝居の世界で「草鞋の宮様」はさほどにポピュラーな視覚的イメージとして共有されていた。

ちなみにこの宮様、維新後は謹慎ののち北白川宮家を相続。ドイツ留学を経て陸軍近衛師団長として日清戦争に出征、最後は台湾で客死と、まさに芝居のような人生を送った。このとき軍医部長として従軍し宮様の最期をみとったのが、誰あろう鷗外・森林太郎である。鷗外の『能久親王事蹟』は簡潔な文語体で宮様の一生を追い、特に臨終のくだりには異様な迫力がある。旧東京国立近代美術館工芸館（旧近衛師団司令部）のそばには乗馬姿もりりしい

中村福助扮する上野の宮様（左）（早稲田大学演劇博物館蔵）

宮様の銅像があり、靖国神社の遊就館にはどこかのんびりとした南地での肖像画が収まっている。しかしいずれも立派な軍服姿であって、「上野の宮様」の面影はうかがえない。むしろ吉村昭の小説『彰義隊』の方が、この一風変わった貴公子のイメージをつかむには早道だ。

実は寛永寺炎上の折、この宮様を背負って逃げのびたのが越前屋こと塚谷佐兵衛という男。すなわち菊五郎の演じた「下谷の湯屋の亭主」だ。いかにもヒーローにふさわしい天野八郎と並んで、銭湯のおやじを菊五郎が演じたのにはこういう訳がある。徳川贔屓の江戸っ子、特に下谷近辺の住人には、薩長に反発して彰義隊に肩入れする者が多かった。篁村の知り合いの髪結の男も、夜になったら官軍を襲撃してやろうと竹槍を用意して日暮れを待っていたという。「下谷辺の者は自然斯様《かよう》な気も出そうな事なり。頼もしきは下谷の人」。そんな下谷連中の中でも、このおやじはとびきりの有名人だった。

その噂が菊五郎の耳に入り、「そいつは面白い、いっぺんじかに話を聞いてみよう」とでもいうことになったのだろう、思いがけず対面が実現した。おやじにしてみれば一大事だ。自分の一生の自慢話が芝居になる、しかも天下の音羽屋がじかに話を聞いてくれるという。身振り手振りを交《まじ》えた講釈さながらの思い出話に、菊五郎と其水も思わず膝乗り出して聞き入った。そもそもは片岡市蔵が佐兵衛を演じる手筈《てはず》になっていたのに、いつの間にか菊五郎がやることになってしまったが、ここらは歌舞伎ならでは、融通のきくところだ。其水が慌てて台本を書き直し、佐兵衛の見せ場をうんと増やしてみせた。

ことさらに特定の役者を応援する場合、舞台にかける引幕を贈るのがならわしだった。現在でも襲名披露興行などで特別なデザインの引幕を見ることができるが、かつては贔屓連中がさかんに新調の幕を贈って芝居を盛り上げた。おのずと観客全員の目に入るし、贈るも自慢、もらうも名誉、まことに景気がいい。佐兵衛も大奮発で菊五郎に立派な幕を贈った。幕には守田治兵衛が自慢の筆をふるったが、彼も大いに肩入れして佐兵衛のためにあれこれ奔走したという。今に続く「宝丹」薬舗の主人にしてとびきりのアート・ディレクター、守田治兵衛がこんなところに顔を出している。下谷の芸術文化ネットワークといったところだ。こうした下谷・上野に根を張った人々のつながりや気風が『皐月晴上野朝風』の活況を作り出したフシもある。

さらに佐兵衛は珍蔵の品々を菊五郎のために提供している。

菊五郎が今度新富座にて彰義隊の組頭天野八郎を勤むるについては、このほど越前屋佐兵衛氏より、輪王寺の宮（今日の北白川宮）下山の際御用い相成りたる泥附の草鞋と、同殿下御自筆の「知足」の二字ある幅を菊五郎に与えたる所、同優は熱心にもその草鞋と幅を床の間に掲げ、出勤の都度朝夕三拝して居るという。しかるに越前屋にては更に菊五郎の熱心かくの如くなりと聞くや、更に東叡山中堂大伽藍の棟上にありし十六菊の御紋付瓦一個を贈りたるよしにて、同優の喜びこの上無く、いと重宝がりて居るという。

（『読売新聞』明二三・五・二五）

宮様お召しの泥つき草鞋に、寛永寺の御紋付の瓦。落語の道具屋にありそうないかにも怪しげな品々だが、『能久親王事蹟』には佐兵衛に草鞋と脚絆とを賜ったとちゃんと書いてある。がまあそんなことはどちらでも構わない。宮様をオンブしたおやじが現に生きていて、彼自身を演じる菊五郎とさかんに親しげなやり取りをしている。菊五郎の部屋の床の間には宮様の草鞋が飾ってあるそうだ。毎日拝んでから舞台に出ているらしい。そういう噂話こそが大切だった。二十二年前の上野戦争といま目の前の新富座、時間と空間とが一瞬にしてつながる。宮様も越前屋佐兵衛も、時間と時間とをつなぎ合わせる精妙な関節として、あるいは記憶召喚装置としての役割を果たしていた。その具体的な媒《なかだち》となったのが、福助や菊五郎の声であり身体だった。

「佐兵衛は徳川様と宮様の事なら、命でも捨てます料簡だが、ほかの者には用はありませんのだ」

「そりゃァ官軍だって天子様の御家来だから、悪いという訳は決してありませんが、江戸の恩人へ対していけません」

世話物のキビキビした演技には超人的なセンスを発揮した菊五郎のこと、こういう役どころが悪かろうはずがない。宮様からの褒美の小判を押し返し、「ありがとうはござりまするが、私は金が欲しくッてお供したのではござりませぬ」「金なら少しはこっちから、御用立てる気でござります」。こういうちょっとしたせりふで江戸人の心理と生態をごくリアルに

越前屋佐兵衛

再現し、まだたくさん残っていた江戸人たちをぞくぞく喜ばせた。明治二十六年四月十八日付の『読売新聞』には佐兵衛の訃報が載っている。「去《さる》十四日老病起たず終《つい》に夕《ゆうべ》の落花と共に散りて、可惜《あたら》江戸の一名物を失いたり」。「江戸の一名物」とは越前屋佐兵衛、一代の男冥利に尽きただろう。

　つまりは江戸の最期をみとった人々ばかりが出てくる芝居である。その場面設定としては、なにしろ戦争が一番視覚的で分かりやすい。戦《いくさ》装束にしたところがそうだ。かつての戦場では「なにを着ているか」が思いのほか重要だった。彰義隊は江戸徳川の世界の人たちだから、『皐月晴上野朝風』での扮装もまるっき

篠原国幹

り時代劇だ。菊五郎の天野八郎も「うしろ鉢巻、筒袖、義経袴《よしつねばかま》、草鞋」といういでたちで立《たち》廻《まわ》りに登場し、「我に向かうは何奴《なにやつ》なるぞ」とせりふまで古風なことを言う。

いっぽう西洋式の軍服を着込んでいるのは敵役の新政府軍だが、実は菊五郎もこの芝居で軍服を一着に及んでいる。戦闘場面にちょっとだけ姿を現す篠原国幹《くにもと》。もちろん実在の人物で、上野攻めでは正面黒門口で新政府軍の陣頭に立った勇将だ。黒の詰襟、羅紗のズボン、腕には官軍のシンボルの錦切《きんぎ》れ。維新物のドラマでおなじみの大袈裟なシャグマのかつらをつけ、短銃を構えた菊五郎の写真が残っている。立廻りでの颯爽とした身のこなしが目に見えるようだ。天野八郎・越前屋佐兵衛に比べれば芝居の上ではつけたりのようなもの、ただ立廻りを見せるだけの役に過ぎなかったが、このハイカラで奇抜な軍服もまた、上野戦争の思い出になくてはならぬひとコマだった。

この芝居を語るときになにより重要なのは、観客が舞台の上に歴史そのものを見たことだ。多くの人が戦争当時の記憶と目の前の舞台とを照らし合わせて「あのとおりだった」とささやきあった。当の現場を直接体験した者はもちろんだが、中には噂に聞いただけの者も多かったろう。大きくなって見たアルバムの写真が、覚えていないはずの思い出を作り出すようなものだ。徳川びいきのおやじがいる銭湯。ポンポンと響く鉄砲の音、官軍の変テコな軍服。燃え上がる上野のお山に草鞋の宮様。舞台を見ればたちまちそれが自分の記憶と溶け合って一つになった。

その頃の根岸から三河島は、晴れた日には筑波山まで見透しの千町田《ちまちだ》で、菜の花の名所であった。五月雨時の水田続きに、上野の杜のクッキリと黒い向うに、根本中堂の伽藍の焼け落ちる火の手が挙がる。今日のような装置ではないとしても、何処までも写生で真に迫っていた。

（鏑木清方『明治の東京』）

幕末江戸の風景は、残された古写真で見てもあくまで静謐で美しい。懐かしい江戸の風景をまるごとひとなめにするかのように、炎と煙が上野の山を取り巻いた。「三百六十諸侯が頭を下げること無しには通ることが出来なかった上野の山に対して、一たび大砲の火蓋が切られると同時に、あらゆる江戸の事物はその故郷と別離を告げた」（岡本綺堂「明治以後の黙阿弥翁」）。それをそのまま目に見えるように再現してみせたのが『皐月晴上野朝風』だった。戦後生まれはこの芝居を見て当時を思え、戦前生まれはこの芝居を見て当時をしのべ、と饗庭篁村は書いた。ただし続きはこうだ。「妙か。大いに妙なり。しかれども芝居狂言としては大いに厭《いと》うべし」。確かに面白い、しかしこれは歌舞伎ではない、という痛烈な一言だ。

天野八郎がかくまわれている金魚屋の場面では、池に水を張り、本物の金魚を泳がせてみせた。縁日に出すために網で金魚をすくい分けるところを克明に再現した。こうしたいささか的外れなリアリズムに対して劇評家たちが向けた渋面は、今のわれわれにも十分理解できる。しかし良し悪しは別にして、それは近代という新しい時代に対して歌舞伎がひねり出した一つの回答であった。「芝居狂言」は、幸福な嘘で塗りたてた作りモノの世界からなんとか抜け出そうとしていた。それまでの歌舞伎とは違って、すべてが「何処までも写生で真に迫っていた」。

菊五郎は役作りにあたっていつも実地調査を行い、「本物そっくり」にこだわった。人生初めての当たり役にしてからがそうだ。『鼠小紋東君新形《ねずみこもんはるのしんがた》』、通称「鼠小僧」の蜆《しじみ》売り三吉。安政四年（一八五七）に十三歳で演じて大当たりをとった。師匠格の市川小團次が、黙阿弥と相談して菊五郎のために作ってやった役だった。中村鴻蔵《こうぞう》という役者が指南役を仰せつかり、深川の蛤河岸《はまぐりがし》へ坊っちゃんを連れ出した。「坊っちゃん、あの小僧の口の利き様などをよくお覚えなさい」。十二、三の蜆売りをつかまえて小遣いをやり、猿若町の家の方まで蜆を売りに来てくれるよう約束をした。翌朝ちゃんとやって来たのを庭に呼び入れて、「オウ蜆ンヨウイ」という独特の売り声などを教えてもらった。「その頃からして高島屋〈小團次〉は写実が大好きなので、昔は子役というと皆白粉《おしろい》を附けて奇麗でしたが」、真っ黒に日焼けした顔を作って、貧しい蜆売りの少年をそっくり舞台に再現してみせた。川尻宝岑《かわじりほうしん》によれば特にせりふが良かったそうだ。「姉《あんねえ》が牢へ行ったので、おっ母《か》あは泣いてばっかり」

天野八郎（国立国会図書館蔵）

云々という、「せりふの調子がうるんで、そのせりふが全く真に迫っていました」。またしても「真に迫って」が登場する。

小團次譲りのこの役作りの方法を学んで以来、「本物そっくり」「真に迫る」が彼の芝居の一大テーマとなった。

明治十九年の黙阿弥作『月白刃梵字彫物《つきのしらはぼんじのほりもの》』では、日光の陽明門を舞台に再現したいと言い出した。菊五郎と長谷川勘兵衛はわざわざ日光まで調査に赴き、勘兵衛が「痩せるほど腕に撚《よ》りをかけ」て、実物を精巧に写した大道具をこしらえた。

> あれこそ金と時間をかけねば出来ぬ仕事です。大そう評判されて流石《さすが》は長谷川だと褒めて貰いましたが、全くよく出来ました。何しろ道具の写真と日光の真実《ほんもの》の写真とを比べても見分けが付かぬと云われた位《くら》いです。（十四代長谷川勘兵衛「五代目《きくごろう》と大道具」、『演芸画報』昭三・二）

本物と見分けがつかないことに何よりも値打ちがあると考えていた。なるほど陽明門は見事だったが、芝居そのものの評判はさほどでもなかった。
もちろん『皐月晴上野朝風』でも実地調査を怠らない。あるときは、ちょうど宮様の落ちて行った三河島の辺りを其水と勘兵衛同道で歩き回り、手製の地図を作って持ち帰った。またあるときは、勘兵衛、越前屋佐兵衛、弟子の橘次《きつじ》を連れて上野一帯を丹念に歩いた。通りがかった学校の中に古びたお稲荷様の祠《ほこら》があるのを見つけて、その時代の付いた扉がめっぽう気に入った。芝居の中で使おうと、早速勘兵衛に調達を命じた。

『おい長谷川頼みがある、今夜あの扉を盗んで貰いたい』と真顔で云うのですから私もこれには困りました。五代目は云い出したら中々引かぬ男ですから何度も何度も私に泥棒して呉《く》れと云って聞きません。仕方がないから駄目だとは思ったが、橘次と私が学校に行って、『是非あの扉を譲って頂きたい。更《かわ》りには新しい上等な扉を拵《こしら》えて差上げます』と叩頭《おじぎ》を何遍もして頼みましたがどうしても承知して呉れませんでした。五代目は力を落して帰ったが、そんな事は時々ありました。(同)

芝居は現実世界を映す鏡だが、両者の間には越えてはいけない壁がある。「本物」や「細かい描写」は、度が過ぎると舞台で浮き上がって芝居の邪魔になる。菊五郎の得意顔も時には愛嬌の度を越えて、「例の凝り過ぎ」「困った道楽」とブーイングを浴びた。二十九年三月の『堀川』では、猿回しを演じるのに人形ではなく本物の猿を使った。猿は舞台の上から客の弁当をねらい、芝居はめちゃくちゃ、客は失笑、歌舞伎史に残る笑い話をこしらえてしまった。

同じ時代に「活歴」と呼ばれる芝居があった。九代目市川團十郎が、正確な歴史考証やリアルな心理表現にこだわって、それまでの歌舞伎の「お約束」を排斥した高級な芝居を作ろうとした。金ピカの衣裳で目を剝《む》いてバッタリ見得をするなどとんでもない。鎌倉時代の話ならきちんと鎌倉時代の故実にのっとった装束を着なくてはならない。難しい漢語を朗々と並べた後、ウムと向こうを見つめたまま無音でスーッと幕を閉めさせては観客をケムにまいた。インテリの先生たちは味方についたが、昔からの芝居好きには「新しがってないで『芝居』をしろ」と不興をかった。仮名垣魯文が「生きた歴史そのまんま」という意味で、多少の皮肉を込めて「活歴史」と名付けた。ただし菊五郎は「時間といい、寸法といい、配合といい、堀越〈團十郎の本姓〉の活歴は実に旨いものだ、トテモ己《おれ》には出来ねえ」と團十郎の活歴を高く評価していた（『歌舞伎』第十四号、明三四・七）。

歴史、すなわち徳川以前の遠い過去をフィールドとした團十郎の活歴に対し、菊五郎が新作の舞台にしたのはもっぱら同時代の幕末か明治だった。いわば「世話物の活歴史」（『新報』第九〇四号、明二一・五）だ。時代物と世話物とで見た目はずいぶん違うが、何ごとも事実に即せという本物偏重主義には変わりがない。明治歌舞伎の両雄が揃って「本物そっくり」にこだわったのは、酔狂や物好きでは片付けられない。嘘はいくらよくできていても嘘に過ぎない。人は正しいものを見て、正しいことを知るべきである。そういう時代だった。人一倍鋭い嗅覚をもっていた二人は間違いなくこの時代の前衛に立っていた。團十郎にはその自負があり、菊五郎にはおそらくその自覚がなかった。

ひるがえって今のわれわれは歌舞伎の嘘をこそ面白がっている。間違いだらけで現実離れした歌舞伎の嘘が、いかに人間の想像力を刺激するものか、麻薬的な魅惑に満ちたものかを知っている。それは実はこうした、現代から見ればイビツなリアリズムをひと周り回ってきたからこそ、ようやく辿《たど》りつけた地点にほかならない。時代は振り子のように両極を往復する。今にしてみれば『皐月晴上野朝風』は、リアルなドンパチと歌舞伎の嘘とがきわどいバランスで折り合いをつけることのできた、幸福な一瞬だったといえるのではあるまいか。

この芝居は明治二十三年五月に上演されたが、五月はもちろん上野戦争のあった五月十五日をあてこんでいる。そして明治二十三年といえば、ところも同じ上野で第三回内国勧業博覧会が華々しく開催された年でもあった。興行時間の都合でお蔵入りになってしまったが、台本に用意された終幕は「上野第三博覧会の場」。博覧会見物に集まった上野戦争の経験者やその縁者たちが昔のことを語り合い、文明開化の新時代を祝うという異色の結末である。まさにこの芝居と同時に目と鼻の先で開催中だった博覧会を舞台に取り込んで、二十二年前の彰義隊の上野と、現在の博覧会の上野とを重ね写しに見せようという映画めいた趣向だった。

中には天野八郎の弟・賢次郎がいる。旧幕に殉死した兄とは対照的に、賢次郎は「仏蘭西《フランス》の飛脚船にてマルセールまで船で参り、巴里《パリー》に於て十年間、機械学を勉強し」、今は明治政府に高級官僚として仕えている。

「瓦解の砌《みぎ》りは兄弟が、心一致いたさぬゆえ、兄八郎は上野へ籠り、僕は洋行いたせしゆえ」

「今日となって見ると、まず我が方が勝利じゃわえ」

高らかな勝利宣言というところだが、これがもし上演されていたら、観客の思いは実に様々だったろう。

「ただ分らないのはこなたの髷《まげ》だが、なぜ附けていなさるのだえ」

「こりゃ二十三年忌の、この五月十五日まで、彰義隊へ手向《たむけ》のちょん髷、済んだら切ってしまいます」

彰義隊に義理立てしてちょんまげを守り続けてきた老人がいる。それも今日の忌日を最後に切り落としてしまうという。こんなせりふの方に深く頷く人も多かったに違いない。

ちゃんと越前屋佐兵衛も顔を出している。

「御前様から御褒美に下さりました、お杖、お笠、お脚絆《きゃはん》は、今に家の宝にして、神様のようにしております」

お守りとして肌身につけている脚絆を取り出してみせると、皆々が襟を正して頭を下げる。巴里《パリー》の機械学と宮様の脚絆とがなんの問題もなく両立しているところにこの時代の面白さがある。


「今日は五月十五日、御一新より数《かぞ》うれば、丁度二十三年忌」

「みな縁のある人々が、今日ここへ集まりしも」

「開運進歩を内国の、諸人に知らす博覧会」

博覧会を機縁に集まったというが、彼らを結ぶ一本の糸は、実は上野戦争にほかならない。


この博覧会の場面はまるで法事である。故人に縁ある人たちが集まって、お互いの近況報告や昔話に時を過ごす。年寄りは共有された記憶を確認しあい、若者は見たことのない過去を頼りなく思い描く。死者を思い出すことは一つの供養である。とすればこの「上野第三博覧会の場」は、二十二年前の上野、そして江戸徳川の記憶に引導を渡すための場でもあった。名人黙阿弥と比べられては立つ瀬がないが、最後のしめくくりにこの場面を用意しておいた作者の感覚はなかなかのものだ。


一方で明治人の視界には外国の姿が映るようになる。

「昨年巴里の博覧会にも、さぞよい油画《あぶらえ》がござりましたろうナ」

「これも非常な陳列品でござったが、今回の油画はなかなか外国にも負けませぬ」

なにかというと「外国に負けない」を連発する。

「第一第二第三と、その開場の度毎に」

「機械、織物、書画、陶器」
「木材、塗物、海産物」
「以前に優りし陳列に」
「外国品にも負けぬよう」

伝統の七五調なのにどこか雰囲気が違っている。リズミカルなせりふの応酬から新興国家の力みっぷりが伝わってこないだろうか。博覧会は、国家の鼻息の荒さを陳列《ディスプレイ》という形で表現する場所だった。最後にこんなせりふのあるのが気にかかる。「旦那、年はとっても若い者に、まだ負ける気はござりませんから、これから百まで生き延びて、国民兵に出るつもりだ」。時代の必然というべきだろう、この後たて続けに外国との戦争が起きる。われらが菊五郎も、今度は外国を相手に軍服を着なくてはならない。

日清戦争で負けたのは誰だったか ──『海陸連勝日章旗《かいりくれんしょうあさひのみはた》』（明治二十七年）

明治十四年のある日、六十六歳の黙阿弥が「おれは長命をしても七十七まで生きていたい」（原文ママ）と口にした。そばにいた者がなぜそう年齢を切るのかと問うと、「七十七以上に生き延びれば、戦争に出逢うであろう、しかも西南の役のようなのとは違って、外国と始まるだろうから」と予言めいたことを言った（河竹繁俊『河竹黙阿弥』）。

果たして『上野戦争』上演から四年後の明治二十七年七月、近代初の対外戦争といってい い日清戦争が勃発する。すでに前年一月に亡くなっていた黙阿弥はこの騒ぎに立ち会うことはなかったが、もし生きていれば七十九歳だった。世の深奥に通じた名作者の眼力には恐れ入るしかない。

御一新以来の国家的事件に世間は沸き立った。

戦報の達したのは八月だが、七月下旬からもう戦争気分だ。どうしても戦争は免れないという事が一般国民に達したので、出征将士に対して恤兵《じゅっぺい》寄附の企ても起る。予後備の在郷軍人等も何時召集されるかも知れないという覚悟をする。八月一日には清国に対して宣戦の詔勅が下される。世間はいよいよ騒がしくなった。

その騒がしい中にも、一種の不安が潜んでいた。今日では必ず支那に勝つと決めているが、その当時はまだ安心が出来ない。（略）口の先や筆の先では強がっていても、内心はみんな不安を感じていたのだ。
（岡本綺堂「四十余年前」）

一体何が起こるのだろうという不安と好奇心が、やがてお祭りめいた昂揚へと変わっていった。

『スペンサーの風船乗り』で登場した操り人形のダーク一座が、神戸では早速日清戦争の劇を上演して人気を博している。

日清兵の戦いに、日本兵は剣、支那兵は槍にて闘い、遂に日本兵の為《た》めに清兵は打負けて倒るる人形を、ダークが口に啣《くわ》えて引込む処などは満場大喝采にて、時節柄、殊更の大人気なるよし。（『大阪毎日新聞』明二七・八・三〇、『明治の演芸（五）』による）

この「時節柄」をエネルギーにしてキワモノは生きる。芸能の世界では「都々逸《どどいつ》、端歌、大津絵に至る迄、日清戦争に関せざるなく」（『新朝野新聞』明二七・八・二一）という有様だ。「かっぽれ」の陽気なフシに乗せて「沖の暗いのに白旗見ゆる、彼《あ》れは支那国ヨイヤサ、降参船《こうさんぶね》じゃエエ」（『大新作諸芸競』明二七・一一）と唄えば、お座敷もひときわ盛り上がるというものだ。都々逸、端歌、大津絵節などというきわめて小回りのきくゲリラ的なものを筆頭に、あらゆる芸能が日清戦争をネタにした。

こうなれば当然キワモノ歌舞伎の出番のはずだが、今度ばかりは少し様子が違っていた。もちろんどの劇場も戦争芝居に飛びついたのだが、もっとも手の早かったのは、歌舞伎ではなくて「オッペケペー」でおなじみの川上音二郎だ。

自由党壮士から寄席芸人となって活動していた川上は、明治二十年頃には「改良ニワカ」と称して本格的に芝居の活動を始めている。もともと大阪を中心にさかんだった俄《にわか》（即興的な喜劇）に自由民権運動をひとさじふりかけたようなもので、プロのニワカ師のほか壮士や旅役者を交えた「得体の知れない演劇集団」（倉田喜弘『芝居小屋と寄席の近代 「遊芸」から「文化」へ』）だったらしい。しかし関西各地で人気を博した川上一座は次第に東上し、二十四年の六月には東京の中村座に進出した。菊五郎が『花井お梅』を演じたあの中村座である。時に川上二十七歳。

いきなり『板垣君遭難実記』が観客の度肝を抜いた。板垣退助（青柳捨三郎）が姿を現すと、刺客相原（川上）が飛びかかって斬りつける。「板垣死すとも自由は死せず」の名台詞が出るのかと思いきや、二人はそれから組んずほぐれつ格闘しながら、国政や民権についての難しい議論を延々と繰り広げる。この格闘がまるで真剣勝負のような乱暴さで、「お芝居」を見に来た観客たちは驚きに目を剝《む》いた。それまでの芝居、すなわち歌舞伎ではついぞ見たことのない荒っぽさだった。川上扮する相原と巡査たちが乱闘するときなどは、「頭の床を打つ音、ドンゴツンと遠き桟敷まで聞ゆる程」（吉川義雄「新派劇――新派の芸風」）だったという。厳しい検閲制度があって、芝居の上演最中にでも中止命令が出かねなかった当時のことだ。初日に巡査の制服を着た役者が舞台に走り込んだとたん、劇場関係者が本物の巡査と勘違いして花道に飛び出した。あわてて舞台番が「偽の巡査だよ、狂言だよ」と止めに入った――とまあこれは話題作りのための演出だったとしても、「お芝居」らしくない生々しい雰囲気を彼らが舞台に持ち込もうとしたのは確かだ。結局この興行は、台本にないことを演じたというので二週間ほどで本当に中止になってしまうのだが、観客の反応は上々だった。

縁者のお膳立てで、團十郎と菊五郎が弟子を引き連れて見物に来たことも人気にはずみをつけた。二人とも義理に迫られての見物だっただろうが、菊五郎は「元気の旺盛なると弁論の巧みなるには太《いた》く感動したる容子」(『続々歌舞伎年代記』)と、まんざらでもなかったという。さすがキワモノ王、新しもの好きの菊五郎としては大いに心動かされるところがあったのかもしれない。

続く翌月の公演を岡本綺堂が観ている。依田学海作『拾遺後日連枝楠《しゅういごにちれんしのくすのき》』に、矢野龍渓の政治小説を舞台化した『経国美談』。前回同様に客の入りはよく、土間が七、八分まで埋まっていた。今度は義太夫の浄瑠璃を入れた歌舞伎もどきの演出もあって、一部には涙を見せる観客もいた(『明治劇談　ランプの下にて』)。むろん幕間には例のオッペケペー節が付く。陣羽織に後ろ鉢巻、日の丸の軍扇をかざして川上音二郎が声を張りあげる。

権利幸福きらいな人に。自由湯《じゆうとう》をば飲《のま》したい。

オッペケペ。オッペケペッポーペッポーポー
国会ひらけたあかつきに。役者にのろけちゃおられない。日本大事に守りなさい
眉毛のないのがおすきなら。かったいお情夫《いろ》にもちなんせ。
目玉をむくのがおすきなら。たぬきと添い寝をするがよい
オッペケペ。オッペケペッポーペッポーポー

綺堂は「非芸術的なもの」と一刀両断しているが、やはり大勢の観客にとってはお待ちかねの芸だった。

こうして川上一座は東京の演劇界に威勢よく殴りこみをかけた。案の定というべきか、それまで歌舞伎一辺倒だった芝居通や劇評家からはまともに相手にされなかった。しかし歌舞伎とはまったく違う、歌舞伎では味わえない興奮を提供する新しい芝居として、次第に人の口の端にのぼるようになっていった。

当時、川上一座のような芝居は壮士芝居、書生劇などと呼ばれた。いちおう現在の新派の起源とされているが、情緒纏綿《てんめん》の大悲劇で売り込んだ新派のイメージとはほど遠い。そもそもは、壮士や書生が民衆に向かって自由民権思想を説き聞かせるアジテーションの手段だった。壮士・書生と字面は立派だが、一歩間違えばゴロツキ同然、大言壮語ばかりのガサツな乱暴者として知られた男たちだ。もとより人前で演技をするためのノウハウなどありはしない。芝居とは名ばかりで、素人が舞台をぎごちなく歩き回り、青臭い政治批判を大声でがな

りたてるばかりだった。

しかし時代の要求はどの世界にも才人を遣わすものだ。川上音二郎は、鼻息荒い演説とは違った軽快なリズムでオッペケペー節を唄い、これが図に当たった。芝居の方でも、演技のうまい下手はともかくとして、プロデュースの巧みさで他の集団とは一線を画していた。江藤新平の佐賀の乱（明治七年）、熊本の神風連の乱（明治九年）など、人々の記憶に新しい事件を次々に脚色し、勢いに任せて芝居をうち続けた。一方ではどこでどういう運動をしたものか、宮内大臣や逓信大臣、有栖川宮、果ては皇后陛下までも次々に引っ張り出して、自分たちの芝居を見せるのに成功した。「壮士芝居は愚劣だ」というありきたりの非難を押さえ込もうという作戦だ。なるほど、皇后陛下や大臣閣下もご覧になったものを、正面きって低級だの下劣だのとは言いにくい。

突然姿をくらましてフランスへの視察旅行に出かけたかと思うと、帰国して『意外』（明治二十七年一月）、『又意外』（二月）、『又々意外』（七月）の連続上演で当たりをとった。『意外』『又意外』はミステリー仕立ての芝居で、特に『又意外』の方は当時の一大スキャンダルだった相馬事件（相馬子爵家の家督相続をめぐる殺人疑惑）を当て込んで成功。『又々意外』では舞台に本物そっくりの新橋駅や蒸気機関車を出現させるなど、フランス仕込みの大がかりな舞台装置を見せた。なにしろ観客に息つく暇を与えない。そうこうするうち「習うより慣れろ」で、ずぶの素人だった座員が下手なりにだんだん役者らしくなってくる。中には藤澤浅次郎、小織桂一郎、高田実など、なかなか達者な芸を見せる座員も現れるように

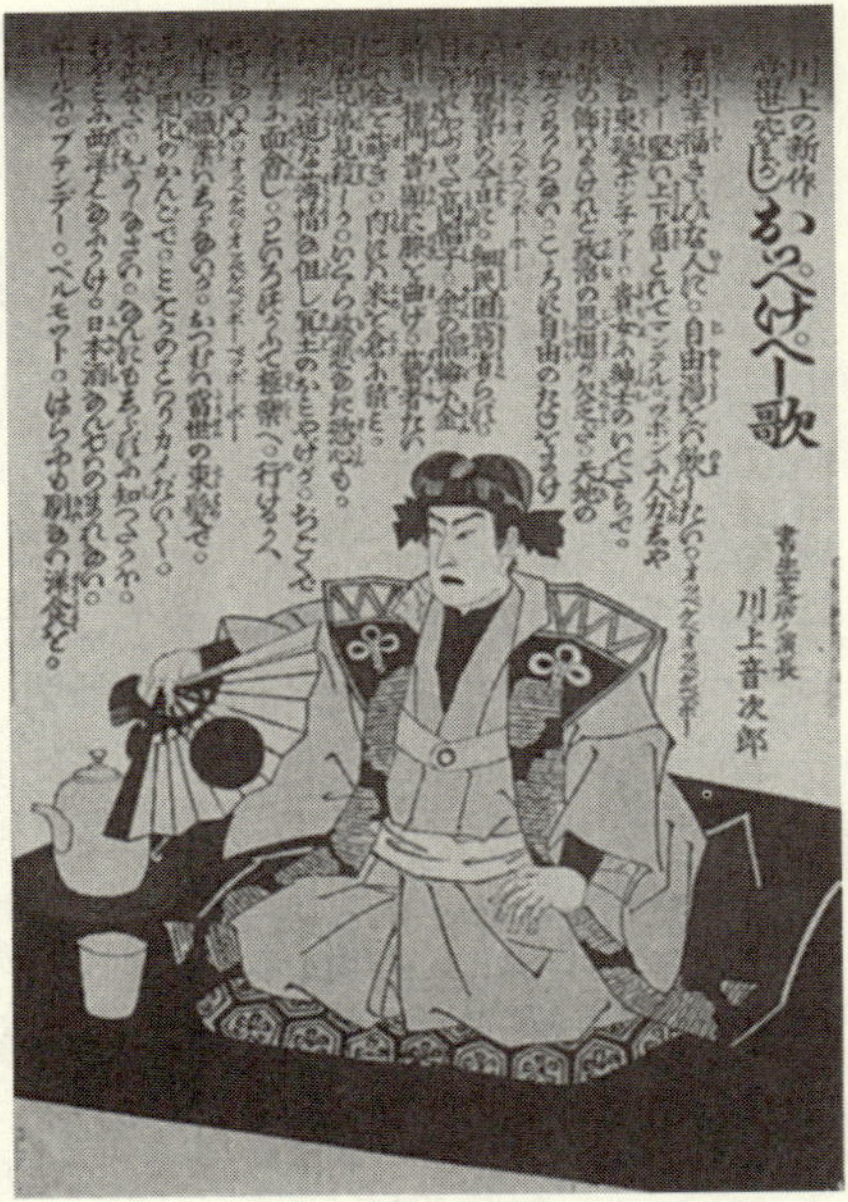

オッペケペー節を唄う川上音二郎（個人蔵）

なってきた。

　こうした勢いに乗じて演劇界の最前線にうって出ようとしていた川上にとって、日清戦争はまさに千載一遇のチャンスだった。八月三十一日から浅草座で『壮絶快絶 日清戦争』を上演し、これが「近来歌舞伎にてもその例無き数十日間大入り」（『続々歌舞伎年代記』）の大盛況となる。「劇場に何事か起《おこ》りし如く、木戸前より茶屋の前は黒山の如き群集、人波を打てどよめき渡れり」（『東京朝日新聞』明二七・九・四）というからものすごい。

『続々歌舞伎年代記』のこの箇所には、「従来壮士芝居あるいは書生劇などと蔑視され演劇としては見るに堪えざるものとの評なりしも、この戦争劇に依《よ》りて大いに真価を現わしたる如く、技芸も著しく発展しつつある模様なれば、今回より役割を列挙すべし」と書いてある。「ヒットを飛ばしたことだし、芸のウデをあげてきたのも確かだから、今回からは扱いをよくして配役を載せてやることにしよう」というわけだ。『日清戦争』の成功によって、壮士芝居が日本演劇史のラインナップにようやく正式に参加させてもらえたことになる。

ほかの座が「日清の戦争も勝算こそあるとは思え、どんな模様になりゆくべきや、今のところにては了得《さすが》に予定するわけにもまいらぬゆえ、いずれも雲ゆきを見て在《あ》る」（『新報』第一六〇一号、明二七・八）と慎重に様子をうかがうのを尻目に、いち早く戦争劇を舞台にかけた。警察のやかましい検閲をさんざんかいくぐってきた経験、またあざといほど権力者に取り入ってこしらえてきた人脈が、それを可能にしたのだろう。

芝居らしい場面といっては、川上と藤澤が新聞記者に扮し、清軍に捕らえられて李鴻章の前に引き出されるところ。「抑《そもそ》も新聞記者たる者は、海《かい》の内外邦《くに》の東西を問わず、凡《およ》そ現世に表われたる出来事を余さず網羅し、事実に依って報道し」という得意の調子で、臆することなく正義をまくしたてて大いに気炎を吐く。あとは南京花火をパチパチいわせる戦闘場面が見どころだった。

もとより演劇としてのできばえはさほど問題ではなかった。当時の劇評がほめているのはいかにもたわいのない点ばかりだ。例えば、大道具がうまくできていること、場面転換が多いこと、やたらにたくさんの出演者が出ること、そして激しい立廻《たちまわ》り。

第一に賞めて置くべきものは、趣向の壮絶快絶なる事、それから道具を十分見せる事

（返しとも十三幕に十二はい〈十二杯〉の道具を変えたり）、次に舞台の変化多かりし事、次に出演者（役者とは言わず）の沢山なりし事

（斬馬剣禅「川上新狂言、一」『国民新聞』明二七・九・四）

たゞ道具の巧妙なると、油絵風書割《かきわり》の精緻なると、俳優の頭数の多きとは、歌舞伎座といえども徒跣《とせん》して数十歩のほかに却走すべし〈ハダシで逃げ出すだろう〉

（贋阿弥「川上音次郎（上）」『郵便報知新聞』明二七・九・七）

脚色《しくみ》の善悪は姑《しばら》く措《お》き、此《この》連中独得の活発なる立廻りは、恰《あたか》も実戦を見るが如く、殊に天津野外大激戦の場、渤海湾に清艦の沈没する場などは拍手喝采、桟敷も崩るゝばかりにて、唯《ただ》訳もなく面白し

（「川上一座の評判」『国会』明二七・九・四）

なんだくだらない、などと言ってはいけない。芸能はとにかく目の前のお客を楽しませるのが使命だ。目先を変えて飽きさせない、というのは単純だが大事なことなのである。ただしそれだけのことで演劇史に残るほどの人気が得られたわけではない。何が彼らの人気の理由だったか。一つは迫真性、もう一つは報道性である。

役者たちはガサツで乱暴だが、体力ばかりはあり余っている。それを見事に逆手にとった。武骨な男たちがやたらにがなりたてながら、本気で取っ組み合ったりもんどりうって地

面に倒れ込んだりしてみせる。たんこぶや青アザが絶えなかった。それが今までの歌舞伎の芝居とは違って「真に迫っている」と評判になった。半ば本気の乱闘に対して「真に迫っている」もないだろうと思うが、それは現代人の色メガネというものだ。歌舞伎の世界の平和で美しい「お約束」に飽き飽きしつつある人たちが大勢いた。川上はそのことを敏感に察知した。「平たく云えば役者らしき役者の芝居にあらず、役者らしくない書生が芝居らしからざる芝居をするものなり」（梅痴「観川上演劇記」、『東京日日新聞』明二七・九・四）。川上自身がことさらに素人っぽさを売り文句にした形跡はないが、観客はその「役者らしくない」「芝居らしからざる」ところに食いついた。とりわけ戦争は彼らの芝居に最適の材料だった。迫力の戦闘シーンはお手のものだし、むくつけき書生どもの体は勇ましい軍服姿の兵士を演じるのにもってこいだ。芝居の中身はさておいて、とにかく即物的なリアリティ、それに見た目の派手さで勝負するのに戦争芝居はうってつけだった。

そして戦地は一体どんな様子なのか。そもそも外国との戦争とはいかなるものか。不安と好奇心と興奮ではちきれんばかりの人々に、怪しげとはいえいち早く戦地の光景を差し出してみせた。すなわち報道性である。情報の速度も量も、今日からは想像を絶するほど遅くて乏しい。新聞といえども三日遅れ五日遅れの記事が普通だった。しかも外国との戦況など、字で読んだだけではなんだかよくわからない。ところがひとたび壮士芝居の桟敷に座れば、弾丸が雨アラレと飛び交う中に日本兵が颯爽と現れ、見も知らぬ異国の風景をバックに、弁髪の清兵をとりひしいで見せてくれる。

「実際の戦争は知らねども、戦争の有様が事実として受取られ、見物人をして感慣激昂に堪えざらしむは、堀越と雖《いえど》も遠く及ばざる所なり（芸の善悪は措《お》き事実に近き点よりして）」（斬馬剣禅「川上新狂言、一」）

芝居にある「北京城進撃」も「渤海湾海戦」も、実際にそういう戦いがあったわけではなく、すべて想像、創作によるものだった。しかしそれが本当のことなのかどうか、また演技がうまいかどうかには一切関係なく、観客は川上一座の舞台を戦争の「事実」として受け取った。團十郎の芸でもかなわないほどの「感憤激昂」に駆られた。そのあたりの事情を鄭洲生こと島村抱月が的確に見抜いている。

「馬丁走卒に至るまで、大和魂・忠君愛国などいう感情には狂せんばかりの目下の時勢ゆえ、此の際たゞ一点の導火をだに与うれば、余は力を用いずして我れより爆発すべし」（鄭洲生「浅草座所観」）

戦争で舞いあがっているところにチョイと種火をつけてやりさえすれば、あとは勝手に爆発する。ただしその火のつけようが難しい。川上は躍るような身のこなしで人だかりの中に飛び込み、絶妙のタイミングでマッチをすってみせた。

しかもこの興行の直後、川上は戦地視察の旅に出る。一本芝居が当たったからといって安穏としていない。即座に次の手を繰り出して、つかんだ客を放さない。ここらが川上の興行師としての天賦の才能と、破格の行動力をうかがわせる。帰国後十二月三日から、市村座でその名もずばり『川上音二郎戦地見聞日記』を上演した。川上が自ら大陸まで足を運び、その眼で実際に見てきたことを皆様にご報告申し上げます、という趣向だ。実際に川上が大陸のどこまで足を踏み入れたかはともかく、このふれこみがどれほど効果的だったかは容易に想像できる。それまでは歌舞伎の得意技だったキワモノの手法を、この戦争芝居の連打で川上が一手にかっさらった格好だ。

十二月九日に上野で開かれた東京市第一回祝捷会《しゅくしょうかい》では、皇太子台覧のもと野外劇をやってのけた。劇といっても『日清戦争』の戦闘シーンをつなぎ合わせたようなものだ。舞台とちがってだだっ広い博物館の前庭を走り回るのだから、役者たちは息も絶え絶え、噴水の泥水をすすってなんとか息をつぐという有様だったが（「藤井六輔の直話」『都新聞』明四二・一〇・一九）、皇太子からは「面白し」「新面目の演劇なり」とのお言葉を賜った、という報道が流れた（『東京日日新聞』明二七・一二・一二）。

そして翌年五月の歌舞伎座進出はまさに川上一座のピークといっていい。やはり日清戦争物の『威海衛陥落』で、歌舞伎の牙城にゆうゆうと乗り込んだ。やむなく團十郎はホームグラウンドを明け渡して明治座に出演することになった。次に團十郎が歌舞伎座に出るときに「舞台を削り直せ」と言ったという巷説があるが、少なくともそのときの興行師は「團十郎の歌舞伎より川上の戦争芝居の方が客を呼べる」と判断したわけである。

かつて川上は團十郎に弟子入りを志願したことがある。團十郎が「お前さんは書生芝居として、別なものを持っている、何も私の処へ弟子入などしなくってもよいではないか」とさとすと、川上はあっさり引き下がったという（市川三升『九世團十郎を語る』）。劇界で生きるならその頂点である團十郎のもとに身を置くのが何をするにも早道という計算だったのだろうが、たとえいっときにもせよ、自分の芝居の人気が團十郎をしのぐ時が来るとは、自信家の川上でも果たして予想したかどうか。

さて一方、歌舞伎の方はどうだったか。少なくともタイミングだけ見れば、壮士芝居に遅れはとっていない。そもそも川上とほぼ同時に横浜の蔦座や深川の新盛座が日清戦争物の上演を当局に申請したのだが、許可のおりたのは川上一座だけだった。書生・壮士には多少なりとも学問があるから、その芝居も士気の鼓舞に役立つだろう。それに対し歌舞伎役者は「只《ただ》奇麗にして婦女子の人気に投ぜん事のみに苦慮」するから許可がおりなかったのだ、と推測する向きもあるが（『都新聞』明二七・八・一六）、果たして本当のところはどうだったか。実際の上演はといえば、やや格の落ちる劇場ではあったが、九月のうちに本郷の春木座で『日本大勝利』、新盛座で『日清大戦争』の幕が明いている。ともかくもキワモノ歌舞伎の精神は生きていたといっていい。時節柄とて入りは悪くなかったが、筋立ては新聞記事をだらだらとつなぎ合わせるばかりで、お世辞にもおもしろい芝居とはいえなかった。やはり川上がとうに先鞭をつけていただけに、とかく壮士芝居と比べられて、迫力がないと不評をこうむった。役者自身からして文字どおりの手探りだった。

十月五日には明治座で『会津墟明治組重《あいづみやげめいじのくみじゅう》』が始まり、ようやく大劇場にも日清戦争物が進出してくる。これは維新の会津戦争と日清戦争とを無理矢理接《つ》ぎ木したような妙な芝居だったが、唯一「支那人の別れ」の場面だけが大好評だった。

おぎんは清国人の道昌恵と夫婦になり一人の男の子ももうけているが、戦争が始まってからというもの江戸っ子気質の兄からは厳しく責められ、子供も肩身の狭い思いをしている。届けさえ出せば敵国人である道昌恵も日本にとどまることができるのだが、彼はチーハ（非合法の富くじ）売りで生計をたてているので公の届けが出せない。そこでついに妻子と涙の別れをして一人祖国へ帰る、というあらすじ。清国人が主人公であるうえに珍しい国際結婚を扱っていること、当時の市井の風俗が細かく描かれていること、したがって常套的な夫婦・親子の別れを描いてはいてもヒネった味わいがあることなど、キワモノ歌舞伎としてユニークな魅力のある芝居だった。本書にたびたび登場する市川左團次が道昌恵に扮し、持ち前の男っぽい芸風とはまったく異なる、誠実だが頼りない清国人を好演した。「これがキワモノでなければ左團次の当たり芸として将来に残るだろうに、実に惜しいものだ」と誉められた。

歌舞伎座のヒノキ舞台に日清戦争が登場したのは、さらに遅れて十月二十八日から。『海陸連勝日章旗』とタイトルは威勢がいいが、完全に流れに乗り遅れた感は否めない。川上一座からは二ヵ月近くも遅れをとっている。八月下旬から『歌舞伎新報』には歌舞伎座の動向が報じられた。「日清戦争物の上演は困難か」「福地桜痴《おうち》作の『橋供養』を上演」「やはり『橋供養』は中止」「團十郎と菊五郎の出演が決定、演目はまだ決まらず」「やはり二人の共演は無理か」「やはり日清戦争物の上演を検討中」……と、毎号毎号にまことに頼りない記事が続く。まず役者の確保が遅れ、ようやく役者が決まっても演目が決まらない。どうにか日清戦争物というところまではこぎつけたが、今度は肝心の團十郎が「趣もなく技も要せぬ」戦争芝居に出るのを嫌がり、戦闘場面には出ないという約束で渋々出演を承諾させた。おかげで台本の出来上がりも大幅に遅れ、初日が十月末までずれこんだ。所帯が大きいだけに色々事情はあるのだろうが、この優柔不断ぶりは、勢いが不可欠な興行物には致命的だ。ハナからつまずきっぱなしの芝居がうまくいくはずがない。

読売新聞で劇評を担当していた鈴木芋兵衛は、世の中にはこの芝居に対して「大分攻撃を試る者」がある、としたうえで、その言い分を解説している（「歌舞伎座評判」、『読売新聞』明二七・一一・一二）。すなわち日清戦争物は、皮切りの書生芝居から始まって大小劇場まですでに一巡しており、もはや陳腐と言わざるを得ない。いまさら日本一の歌舞伎座で日本一の團十郎が演じるなど、「大人《たいじん》が負うた子に浅瀬を習い、駄馬の尻を追う」ようなものだ。それよりも歌舞伎座らしい見識をもって、時流にかかわらず本当に優れた芝居を見せればよいではないか――。

それに対して芋兵衛は「是れ一《ひ》ト通りは御尤《ごもっとも》千万なり。左《さ》りながら」と反論を試みるのだが、これがいかにもモゴモゴした屁理屈としか見えず、先に自分の紹介した「攻撃」の方がよっぽど説得力がある始末。現に芋兵衛自身による劇評でも、團十郎が「新聞面なら凡《およ》そ百行余もあらんとする長文句を滔々《とうとう》弁じ去る」のには舌を巻くとか、戦闘場面は敵味方の距離が近すぎるから「互に最《も》少《すこ》し遠く射会《うちあ》うの工夫はなきか」とか（「歌舞伎座評判（続）」、『読売新聞』明二七・一一・一四）、些末なところをあげつらうばかりだ。弁護したくてもホメるところが見当たらない、そういう芝居だった。

とりわけ團十郎がミソをつけた。團十郎は、日清開戦のお膳立てをした特命全権公使の大鳥圭介（芝居では大森公使）と、海軍の水夫舵蔵《かじぞう》を演じた。ともに写真が残っている。金モール付きの大仰な大礼服に身を固めた大森公使は、團十郎の顔の立派さとあいまって、画面からはみ出しそうな迫力だ。ただし劇評ではその舞台を圧する貫禄だけが褒められている。

團十郎の大森公使と水夫舵蔵（『舞台之團十郎』）

逆にいえばこれというウデの見せどころがなく、長文句をひたすら弁じるばかりだったのは先ほどの劇評で見たとおりだ。

かたや舵蔵の方はどうだろう。その立派すぎる顔の造作と、しゃれた詰襟服との組み合わせがどこかちぐはぐな感じを与える。それに芝居の方もまずかった。なにしろ團十郎は戦闘場面には出ないという約束だったが、どうしても戦いを芝居の中に入れないわけにはいかない。苦肉の策として、鰹節を日本艦隊に、煙草入れを清国艦隊に見立てて並べ、舵蔵が日本軍勝利の模様を言葉で語って聞かせるという趣向にした。戦闘場面には出ないかわり、この海戦の物語にうんと工夫を凝らすという事前のふれこみだった。しかしフタを開けてみれば、「その工夫が鰹節と煙草入れを並べた聞きねエ演説とは凄い工夫なり」（『竹の屋劇評集』）。「聞きねエ、聞きねエ、それから聞きねエ」という古くさい調子で戦艦同士の戦いの実況中継をしてみせたが、またそれが長かった。

「余り長いのでお相手をする人夫等も余程退屈の様子、情《なさけ》なや日本一の堀越大先生を舞台に置きながら、向正面から『簡短《かんたん》々々』の声が掛《かか》る、誠に前代未聞の椿事でありました」（二文字舎・贋阿弥「隔日評判記（十）」、『郵便報知新聞』明二七・一一・二三）

「トンダお茶番」「さてさて途方もない妙案」「親玉近来の大失敗」と、天下の團十郎が散々な不評をこうむった。「こういうものを見せるよりして落語家芝居も鼻を伸ばすなり。壮士芝居も根を固くするなり」（『竹の屋劇評集』）。歌舞伎がこの有様だから落語家芝居や壮士芝居が幅をきかせるのだ、という痛烈なお小言だ。川上一座の大成功がなければまだしも、今更この程度の地味な戦争芝居でお客を納得させることは到底できない相談だった。

一方の菊五郎は、澤田重七と尾淵中将、樫本少佐を演じた。澤田重七すなわち原田重吉のことなのだが、「原田重吉の玄武門破り」と聞いてピンとくる人がいまどれほどいるだろうか。

雨より繁き弾丸の、下を潜りて城壁を
猿猴《ましら》の如くに攀《よ》じ登り、ヒラリと飛込む其人は
これぞ原田の重吉氏

明治二十七年九月十五日、平壌城攻撃の際に、固く閉じられた玄武門を単身乗り越えて中から門を開き、攻めあぐんでいた日本軍に突破口を開いたのが原田重吉だ。その功績で金鵄勲章功七級をもらった当時の国民的英雄である。ちなみに除隊後の原田重吉は、花井お梅のように芝居の一座に入って「原田重吉の玄武門破り」を演じてまわり、「勲章をもらった軍人が芸人のまねごとか」と白眼視された。萩原朔太郎が『日清戦争異聞（原田重吉の夢）』で一瞬の花火のような彼の人生を描いているが、それはまた別の話。

不評というほかに適当な言葉のなかったこの芝居の中で、饗庭篁村は菊五郎だけを誉めそやしている。例えば煙がモクモクとたちこめる中、重七が玄武門をよじ登るクライマックスの場面。

玄武門の場、砲煙烈《はげ》しく、菊五郎の澤田重吉が城壁を乗り越すも、遠くてはよく見えぬほどなれど、隊長を止めて自ら城壁を攀《のぼ》る勇ましさは、思わず肉の動くほどなりし。

大道具の城壁は高さ二間ほどの直立の書割で、器用な菊五郎のことだから実に巧みに登っ

てみせたらしい。右手に糸筋のようなものがチラリと見えたが、城壁の足がかりはちっとも目立たなかった。颯爽と門に登って清兵を打ち倒し投げ落とすところでは潮の湧くように喝采が起こった。

また城を落とした後、整列した兵士の中から重七が呼び出されて上官に賞められるという、なんでもないようなところが一番面白かったそうだ。篁村だけでなく芋兵衛も「抜擢《ぬきいだ》され賞詞《しょうし》を受くるところ最も愉快なり」と書いている。兵隊特有のキビキビした、どうかすると滑稽な機械にも見える動きと言葉を、持ち前の身体能力で見事に再現したのだろう。

菊五郎の重七、一兵卒として列中にありしを、木村中尉に引出されて大佐の前に立ち、『今日此城《このしろ》の落《おち》しは全く其方《そのほう》の手柄じゃ』と褒美の詞《ことば》を聞て、『御褒《おほめ》の御詞《おことば》有難う存じます、これも全く天子様の御威光です』と、首を下げ、グルッと歩をかえしてまた列に入る小気味のよさ、見物も其態度の通り、身体がギク〳〵とするほどにて、割るゝばかりの大喝采なりし。

「思わず肉の動くほどなりし」「見物も其態度の通り、身体がギク〳〵とするほどにて」というところに注目しよう。現在の歌舞伎の客席でも、セリフに合わせて役者と同じように首を振ったり、踊りに合わせて妙にシナを作ったりしている人を見かけることがある。人はあまり芝居に夢中になると、舞台上の人物と同化して、無意識のうちに体がその動きを真似しようとしてしまうものだ。この評を読むと、舞台上の菊五郎の動きが観客にそのまま伝染・伝播していることがよくわかる。菊五郎の身体と観客の身体とが糸でつなげたように同調している。菊五郎の身体はダイレクトに観客の身体にはたらきかけ、その場の空気全体をまるっとからげて自分のものにしてしまう。となれば、壮士芝居の戦争劇と同じような種類の興奮を客席に呼び起こすのも、菊五郎をもってすれば難しいことではなかった。菊五郎の尾淵中将が、恩賜の酒と煙草を見てはるかに天子の恩を謝するエンディングでは、客席からいっせいに「帝国万歳」の声が沸き起こった。

しかし篁村は菊五郎と壮士芝居との決定的な違いを突いている。

「菊五郎の樫本少佐、実地のようで何処《どこ》までも芝居にして居るは大《おお》によし。左なければ壮士芝居になるとの注意ならん」

ただ単純に生々しく演じるだけなら、それは壮士芝居と変わらなくなってしまう。「芝居」である。リアルでありながら明らかに「芝居」である。菊五郎は、そのギリギリのところを綱渡りする技術をもっていた。

晩年の菊五郎がこんなことを言っている。

澤田重七（『海陸連勝日章旗』）

「一寸考えると、足の利かないものが躄《いざり》をするのは楽だろうと思われるが、そいつは大違いで、矢張足の利くものが利かない真似をするのでなくっちゃ、躄と見えやしません」(『歌舞伎』第三十一号、明三五・一二)

生涯を通じて「本物そっくり」に執心した菊五郎だが、壮士芝居が差し出した種類の迫真性、リアルさとは、明らかに一線を画していた。菊五郎の場合は、「本物そっくり」の前に「本物ではないのに」がくっつく。「虚にして虚に流れず、実にして実に泥《なず》まず」。虚と実とがうまく調和しているところは、まるで「パノラマ」を見るようだ、とその芸風を評された(美江舎夏盛「役者御託宣」、『歌舞伎』第八号、明三四・一)。さんざんな不評だったこの戦争芝居の中でも、菊五郎は一人の歌舞伎役者として卓越した芸を見せた。少なくとも彼には、日清戦争をキワモノ歌舞伎として料理するだけの技量があった。しかし時代の波を押し返すにはあまりにも多勢に無勢だった。

「戦争芝居は新聞紙の報道に俳優を傍訓《ふりがな》にしたようなもの」と、篁村が戦争芝居の本質を看破している。「團十郎、菊五郎の技芸を擅《ほしい》まゝにする所はなし」。髀肉《ひにく》の嘆というやつで、せっかく役者にウデがあっても発揮しようがないのだという。皮肉なことに、『海陸連勝日章旗』の中幕にはさまった『吃又《どもまた》』で、二人の芸は最高の輝きを放った。まさに歴史的な名舞台だった。團十郎の又平に、菊五郎は初役で女房おとくを演じた。ちょこまかと小手先の器用なところを見せるのだろうという大方の予想に反して、「何処までも温柔《むツくり》した」、少々あわて者のかわいい女房に変身した。それでいて又平とは一心同体、夫を気遣って片時も気を抜かない。隅々まで神経の行き届いた素敵な女房ぶりで、「我等生涯に再び斯《かゝ》る上《じょう》お徳は見られまじの感を生ぜり」と例の芋兵衛を感激させた（「歌舞伎座評判（続）」、『読売新聞』明二七・一一・一六）。

人間が生み出すドラマを描くについては、さすがに歌舞伎に一日の長があった。同じ戦争劇でも「支那人の別れ」のように、壮士芝居とはまったく違う角度から戦争をとらえた芝居が作れればよかったのだが、残念ながら歌舞伎の融通無碍をもってしても、戦争をドラマに変換することはできなかった。もっとも少しでも反戦的・厭戦的な内容のものは上演を許可されるはずがないから、筋のうえで趣向を凝らす余地はほとんどなかったといっていい。結局は、荒っぽい立廻りを武器にして時代の波に乗った川上一座に道を譲らざるを得なかった。

『吃又』のおとく

なにしろ歌舞伎の世界のテクニックでは迫力のある戦闘シーンが再現できない。これがなにより致命的だった。四年前の『上野戦争』のときはまだましだった。雨を降らせ、火事を見せ、火薬をポンポン鳴らしはしたが、役者の演じる戦い自体は「我に向かうは何奴なるぞ」「イデヤ手柄を致してくれん」という時代物の立廻りの延長でよかった。そもそも歌舞伎の戦闘シーンは、踊りと見紛うような立廻りしか表現の方法をもたなかった。それを象徴するのが「どんたっぽ」という下座《げざ》音楽である。どんは大太鼓、たっぽは小鼓の音。勇壮な、しかしゆったりとした鳴物と、お決まりの「ヤアー」という掛け声に合わせてのんびりと立廻りが行われる。そういう「拳固《げんこつ》を振上げれば、バタリ〳〵と倒れる様な、馬鹿気《ばかげ》た立廻り」がまったくはやらなくなつて、果ては「筋斗《とんぼ》〈宙返り〉を返るものも、少ないと云うよりは、いっそ皆無と云っても好い位ですから」（清潭生（市川小半次談話）「芝居の立廻り」、『歌舞伎』第二十五号、明三五・六）という事態に立ち至る。

舞台装置や演出を工夫することはできても、昨日まで「どんたっぽ」で動いていた役者の身体ばかりはそうそう急に変えられない。「着つけぬ軍服ごしらえのサアベル姿、ノソノソとして足元のあやうく見えたる不評」（『続々歌舞伎年代記』）とは誠に気の毒というほかない。軍服姿で戸惑う役者の姿は、もはや「真に迫っている」を表現できなくなった歌舞伎そのものの姿だった。その中でかろうじて輝きを放っていた菊五郎の姿を忘れてはいけない。

歌舞伎は見世物の親玉としていつも観客をあっと言わせてきた。派手なキワモノを次々に送り出し、同時代の世間のありさまを鮮やかな手つきで切り取ってきた。しかし歴史にひとまず区切りがついた。日清戦争の興奮が収まると、演劇界でもオコリが落ちたように戦争物が影をひそめ、歌舞伎ではぱったりと新作が上演されなくなった。「世に現るゝ古狂言、旧演劇の身代限《しんだいかぎり》、選択もなき綴合《とじあわ》せ、あらいざらいを並べ立て」（『竹の屋劇評集』）と、義太夫狂言や黙阿弥物の再演など、定番の演目ばかりが無秩序に並ぶようになった。
やがて明治三十六年二月に菊五郎が死に、九月に團十郎が死んだ。歴史の節目などというが、この明治三十六年ほどわかりやすい節目も珍しい。偉大すぎる名優の相次ぐ死を目の当たりにして、「歌舞伎の危機」が深刻に論じられた。今までひたすら前を向いて駆けてきた歌舞伎が、初めて後ろをそっと振り返ってみた。そこにはいつの間にか歴史と呼ばれるものが堆積していて、今度はどうやってそれを管理し維持していくかが問題になった。当世風にいえば「文化財の保存」とか「文化遺産」ということになる。建物や美術品は保存できるだろうが、芸はどうやって保存するのだろう。「歌舞伎の保存」という発想はこの頃に始まった。

歌舞伎の舞台の上で行われたとおりのことを、鬘・衣裳・大道具・下座《げざ》音楽から役者の出入り・しぐさまで、できる限り精密に文章で書き残す。そういういわば「舞台の痕跡」を「型」と呼び、せめては型を記録に残すことで歌舞伎を守ろうとした。明治三十八年頃から『歌舞伎』などの雑誌には「型の記録」が頻繁に掲載されるようになる。驚くなかれ、忠臣蔵六段目でお軽が登場してくるだけで、これだけの言葉がワンセンテンスに費やされるのだ。

正面の納戸口《なんどぐち》から芙雀《ふじゃく》のお軽、「アイ〳〵」と返辞をして、潰《つぶ》し島田、栗梅の黒餅《こくもち》、黒の丸帯前垂掛《まえだれがけ》（髪を結ってた心で汚れて居る）で晒《さらし》の手拭を姐《あね》さん冠《かぶり》に被り、浅黄の襷《たすき》を斜に掛け、双紙紙《そうしがみ》で油手を拭き乍《なが》ら出て、客と見て下手奥の居炉裏《いろり》前に座り、前垂と手拭を取り、片襷《かただすき》を外してそこに置き、盆に茶碗を二つ載せ、茶を注いで客の前へ出すと、両人はそれを受取り、扇子で「玉はこの女です」という科《しぐさ》をするので、お軽は恥《はず》かしい思入で盆で顔を隠し、立上って下手へ来て以前の処に盆を置いて座り、手拭を畳んで帯の右に挿み、次に前垂と草紙紙《そうしがみ》を一緒に持って土間の処へ来て、前垂をはたいて居ると、お萱《かや》が上手の両人に向って挨拶をするのでお軽もそれを見て前垂を下に置き、座って手を突いて挨拶をして、今度は座ったまゝ前垂を取り、又はたき、それに付いて居る抜毛を取って、指先で丸めて捨て、以前の草紙紙で手を拭いて新《あらた》に前垂を畳み、その紐で括《くく》り後に置く。（清潭生編、尾上芙雀・坂東三津五郎校「六段目勘平の型」、『歌舞伎』第八十五号、明四〇・五）

もとよりこのとおりに再現すれば同じ舞台ができあがるわけではない。それが「痕跡」に過ぎず、肉のそげ落ちた骸骨でしかないことは書き手自身も重々承知していた。たとえそうであっても、いま目の前で滅び去ってしまうかもしれない歌舞伎の姿をなんとか歴史に残したい。芸を言語でからめとろうとするその無謀な執拗さからは、歌舞伎を愛する者の切羽詰まった使命感がひしひしと伝わってくる。

戦争劇の失敗、菊五郎・團十郎の死を経て、歌舞伎は急速に守りの態勢に入り、古典芸能、文化財、文化遺産への道が用意される。それはとりもなおさずキワモノ歌舞伎の終焉を意味していた。歌舞伎はもはや世間を写し出す鏡ではあり得なくなった。それもまた歴史であって、今のわれわれがことさらに残念がる必要はない。

幸いなことに、われわれの前には歌舞伎がまだヤンチャであった時代の台本や錦絵が山ほど残されている。後の研究者によって「キワモノにつき用済み」の札が貼られているが、気にするには及ばない。近代日本の弾んだ息遣いを感じるには、キワモノ歌舞伎はどんな教科書よりもうってつけだ。

結び
——たんすのひきだし

死絵（人気役者の死去に際して出版される錦絵。日本芸術文化振興会蔵）

一枚の写真にその人の人生すべてが織り込まれてしまうことがあるらしい。有名な弁天小僧の写真。

今の舞台でもひっぱりだこの『青砥稿花紅彩画《あおとぞうしはなのにしきえ》』（文久二年［一八六二］）は、そもそも菊五郎（当時羽左衛門）のために黙阿弥が書き下ろした芝居で、菊五郎自身が下座《げざ》音楽をすべて考案したといわれている。文字どおり彼の出世芸だ。十八歳の菊五郎演じる弁天小僧は、「絵双紙《えぞうし》の中から抜け出たようだ」と水のしたたるような美しさが評判になった。装飾的な鰭《ひれ》をもつ金魚のような艶《なま》めかしさは、錦絵からでも十分に伝わってくる。さすがにこの時の写真は残っていないが、幸い八年後の明治三年に再演した時の写真を見ることができる。歌舞伎役者の古写真を見慣れた人にはなんでもないが、見慣れない人には随分奇妙な顔に見えるだろう。男だか女だかよく分からない。シュールな蠟人形のようでもあって、少々気味が悪い。画質の粗さのせいもあるだろうが、写真で見る昔の歌舞伎役者の顔は、皆こうした異形に近いアンバランスな美しさをそなえている。この時菊五郎は二十六歳だが、年齢以上に若々しい色気と、イキがった弁天小僧菊之助の鼻もちならない生意気さが感じられないだろうか。

振袖の娘に化けて呉服屋に上がり込んだ弁天小僧。ゆすりのタネにわざと万引きのふりをして、番頭にソロバンで殴られ額に傷がつく。このとき後ろを向いて眉間にそっと血を塗り付けるのだが、菊五郎は同時に唇の紅を紙で拭い取った。色気を消して凄みを出すためだ。その紙で眉間の傷を押さえてみせたから、紙についた紅がまるで傷口から流れた血のように

明治３年の弁天小僧

文久２年の弁天小僧（日本芸術文化振興会蔵）

娘に化けた弁天小僧（明治28年）

明治28年の弁天小僧

見えた。ベテランの関三十郎がこれを目ざとく見つけて「紙一枚使うのでも無駄がなくておもしろい、若いのに感心なやつだ」と大いに褒めた。客席から夢中になって見ている分にはちっとも気付かないが、歌舞伎はこういう実に微細な段取りの積み重ねでできあがっている。若き菊五郎はすでにそのことを体で知っていた。

一方、明治二十八年の弁天小僧の写真。歌舞伎の解説書やなにかではこれが一番おなじみかもしれない。菊五郎が死ぬのは明治三十六年だからまだ晩年というほどでもないが、いかにも役者としての輝くような円熟を感じさせる。女形も難なくこなした菊五郎のことだから、決して偉丈夫という柄《がら》ではない。なで肩で胸板の薄い体つきは十分に少年を思わせる。島田のマゲが思いきり横っちょに崩れ、緋《ひ》縮緬《ぢりめん》の襦袢《じゅばん》もぐずぐずと液体のように流れ出している。この写真が紹介される時はいつも「幕末の退廃美」と決まり文句がくっつくが、本当のところわれわれには幕末人の美的感覚などわかりっこない。ただし今の舞台で見られるキレイでピカピカした弁天小僧とは違って、煙でいっぺんくすべたような、それでいてじっとりと湿って生温かいような、まぎれもない生き物の手触りやにおいを感じとれる。ゆすりの正体を現す前の、娘に化けた写真も残っている。二つを見較べると、化粧はほとんど変わっていないのに、顔がきちんと女と男になっている。役者の顔とは本来そういう変幻自在のものだ。

芝居の世界の人間は因縁めいた話が大好きだが、この出世芸の弁天小僧が、なぜか菊五郎の人生の節目節目に顔を出す。

明治三十四年の冬、五十八歳で脳溢血の発作を起こした。柳島の料亭橋本で、粋人が集まって見立て遊びの最中だった。芝居の演目にちなんだ飾り物や献立を用意して、その洒落や趣向のヒネリ具合を賞玩して喜ぶという、なんとも知的な遊戯である。菊五郎の用意した弁天小僧の見立てはこうだ。古い江ノ島の絵図を掛軸にして、桜を描いた女物の扇を半開きにして飾る。すなわち江ノ島育ちの弁天小僧菊之助が、片肌脱いで刺青を出したところ。緋鹿《ひが》子《の》《こ》の布をちょっと結びつけた菊の花を添え、来客一同には白浪五人男のもつ「しら浪《なみ》」と書いた番傘を進呈するという趣向だった。その飾り物を検分している最中に発作が起きた。

その前から体に違和感はあった。妙にかつらが頭に当たって、痛くてしかたがないことがあった。また『伽羅先代萩《めいぼくせんだいはぎ》』の「対決」の場で細川勝元に扮して座っていると、左足に生温かいものがズルズルと流れたような気がした。しまった、舞台で粗相をしたかと慌てて袴の脇から手を入れたが、足にも衣裳にも濡れた気配がない。そのときは不思議に思っただけだったが、あるいはそれが発作の前兆だったのかもしれない。

さすが一流の役者だけあって、自分の体のことには隅々まで敏感だ。山岸荷葉編『五世尾上菊五郎』で発作の一部始終を語る言葉は実に整然として生々しく、一種の名文といって差し支えないだろう。

この頭の盆の窪の所から、出し抜けにこう、この脳天を真っ直ぐに通ってギンギンギンギンと痛んできて、この眉毛の間まで来て、止まった。おや、こいつは変だぜと思っている。三度こう痛くなった。そうするとまた今度は、この痛みの止まった額の所に、何だかこう急に葛湯みたような、どろどろした塊ができて、むずむずとするてえと、又こりゃ変だと思う途端にその葛湯が、だらだらと鼻の中へ入って来ました。こりゃ鼻血が出るんだなと思ったから、急いで……こっちの右の袂《たもと》さ、右の袂から半巾《はんけち》を探し出したから、両手かけて勢いよくかもうと思うと、左の腕がびりびりと麻痺《しび》れて、手が鼻まで来ないでぷらんとなった。二度上げようとしたがどうしても上がりません。それからお前さん、面倒だから右の片手でフンフンフンフンとかんで、見ると血も何も出ない。二度やったが出ない。

しびれた左腕に触ってみると、肩から二の腕までは温かくて感覚もあるが、手先がゾッとするほど冷たい。「皆さん、私の体が少し変ですよ」と言ったつもりだが、もうそのときには突っ伏していて、周りの者が異変に気づいた。「寺島、しっかりしねえよ、しっかりしなくちゃいけねえよ」という声が聞こえたような聞こえないような。「さっき葛湯の時はいやな心持だったが、この時になったら、どうも何だかこう好い心持になっちゃって、夢のような気がして——御幣《ごへい》をかついじゃいけねえけれども——このまま死んでしまったら、ああいい心持だと思いましたね」。まさに危機一髪だった。

午後九時頃に橋本を出て、十一時頃に新富町の家へ戻った。このとき駆けつけた医者が釣台（担架）に乗せて帰すよう命じたが、釣台は野暮だといって菊五郎が承知しない。どうしても釣台で運ぶなら、紺看板の法被《はっぴ》を着せて後ろ鉢巻を締め、頭には大きな熨斗《のし》をつけてもらいたい。そうして團十郎に電話をかけて、團十郎の家でいったん受け取ってもらおう。團十郎を幡随院《ばんずいいん》長兵衛に見立て、芝居で長兵衛の家へ運び込まれてくる中間《ちゅうげん》を気取ろうという趣向だ。とんでもない、と医者が言うと、今度は『四谷怪談』にしたいと言い出した。橋本のそばにはちょうど芝居に出てくる十間堀が流れているから、戸板に乗せて運ばれればお岩さまの「戸板返し」になるじゃないか。医者もさぞ気を悪くしたことだろうが、菊五郎は「実に芝居気のない医者さんには困りました」とすっとぼけている。

いちいち芝居気にこだわった、この種のエピソードには事欠かない。

明治七年八月、宇都宮の劇場に出演することになった。現地に乗り込むと景気よく町中を練り歩いたが、勢い余って二荒山神社の車馬禁止の神域にまで駕籠のまま乗り入れてしまう。しかも大道具方がそうとは知らずに神社の杉の木を切って大道具に使ってしまった。激怒した神主が一座を訴えたから、芝居を終えて日光見物に向かった菊五郎も、到着早々身柄を拘束された。すぐに宇都宮に戻されて取り調べを受け、仮牢（留置場）に送られることになった。坂東秀調《しゅうちょう》とともに山駕籠で護送されたが、女形の秀調がショックで倒れんばかりなのに対し、菊五郎には自分の身なりの方が気になる。ちょうど芝居で使っていた『義経千本桜』のいがみの権太と『弁天小僧』の衣裳を身につけて護送された。「茶微塵《ちゃみじん》の袷《あわせ》に白地の薩摩飛白《がすり》を重ねて紺献上の帯を締め」というイキな小悪党のこしらえだ。おあつらえ向きに月代《さかやき》がのびて髷もちょいと曲がっている。こうなると「豆絞りの手拭を握らないでは調子が合わない」といって、わざわざ付添の者に買ってこさせた。

「こういう時でさえ芝居を離れないのが菊五郎なので」と胸を張るのが菊五郎の菊五郎たるゆえんだが、今度ばかりはその芝居との間に微妙な溝ができた。

お定まりの後遺症が残った。半身がうまく動かない。

「いかねえね、いかねえね、こうなっちゃあもういかねえ。何だってお前さん、手は利かねえし、尻はこんなに痛むし、どうもね、こりゃこんな事をしている内に『まァず今日はこれぎり』になりそうですよ」(『五世尾上菊五郎』)

夫婦喧嘩の真っ最中に「お里、それじゃあ形が悪い」と怒鳴った菊五郎だ。常に体の形の美しさを追求する表現者であった彼にとって、そのダメージは決定的だった。

「こういういやな病気が出て、これでぐずぐず長く生きていては第一宅のものに迷惑をかけるのみならず、ついには五代目菊五郎の名をけがすようなことでもあると口惜しいから、いっそ舌でも噛んで死のうかとまで覚悟を極《き》めたことがあります」

壊れた青磁の花活を、金《きん》で繕って使っているような具合。前だけ見れば無傷だが、ぐるりと回すと傷だらけの与三郎。お客を呼ぶ道具には使いにくい、と『歌舞伎』に書かれた(室田武里「無線電話」、第三十三号、明三六・一二)。人の顔を見ると「どうだろう、己《おれ》の病気は元の通りに癒《なお》るだろうか」とばかり繰り返して、「ああいう塩梅《あんばい》じゃァ仕舞に気が違やァしないか」と周りが心配した。

とは言いながら、いずれ舞台に復帰したときのために、布団の上であれこれ工夫をめぐらしていた。この不自由な体でどうやってお客を喜ばせようか。

「序幕の拵えは、クリカラ紋々の兄いで、先ず新富町の遊人児《あそびにん》雷也の虎という心持、それが舞台へ出ると、イキナリ人力車に敷かれて、体が半分利かなくなって居《い》乍《なが》ら、口だけは達者でポンポン痰火を切る」（『歌舞伎』第二十二号、明三五・三）

あるいは『戻駕《もどりかご》』はどうだろう。「私の工夫《あっし》を聞いて下さい、先ず堀越の次郎作に空駕籠《からかご》を担いで先へ出て貰い、それから私の与四郎は生酔《なまよい》で、丑之助の禿《かむろ》の肩へ寄掛って出ることにします」。左半身の動きが鈍いなら、その分を勘定に入れて振りを考えればいい。「右の眼で普通《いつも》見る処から五分先を見る心持になれば、右の手がそれだけ先へ出るから、跡で左の出し方が少し足りなくても、釣合が取れるだろうと思います」（同第二十三号、明三五・四）。

『猩々《しょうじょう》』も悪くない。動きが不自由だと思っているお客の裏をかいてやろう。「先《ま》ずゼンマイ仕掛で箱から出る、そこで腰のゼンマイを廻し切ると、手足を動かし始める、これは不器用でも宜《い》い、見物に『さては手足が充分に動けないな』と、思わせて置いて、花道へ来てから、『尽《つき》せぬ宿こそ目出度《めでた》けれ』で、トンと足拍子をさせて、一直線に向うへ入って、見物を驚かしたいものです」（同第二十四号、明三五・五）。

『五世尾上菊五郎』には、自宅療養中の菊五郎を訪ねたときの様子が細かく書いてある。白地の浴衣に「斧琴菊《よきこときく》」模様の襟のかかった黒地の縮緬《ちりめん》の寝間着を重ねて、その上には菊五郎格子のどてらを羽織り、膝の上から裾には掻巻《かいまき》を掛けてある。「今日《こんち》は御運動は」とうながされて、白足袋を履かせてもらい、朱鼻緒の麻裏草履をつっかけ、後ろから助けられて「有難う有難う」と庭に下りる。「ああ病気になってから初めて河岸を見た。好い心持だ」。

養子の栄三郎（後の六代目梅幸）が写真を写そうとすると、写真好きの菊五郎は「そうか、よしよし」と、着物の襟をかき合わせ、金縁眼鏡の曲がりを直し、帽子のかぶりようまであらためた。「さあいいよ、さあいいよ」と栄三郎に促したが、肝心のカメラが不調で残念ながら撮影はできなかった――いや、「自慢じゃないが、私《あっし》の写真には皆んな気組《きぐみ》が入って居るから」と本人が言うとおり、ポーズといい表情といい、まるで生の舞台を見るような見事な写真を残した菊五郎のことだ。むしろ病中の写真など残らなくて幸いだったかもしれない。

翌年五月、福地桜痴の新作『葵上功隈取《あおいのうえてがらのくまどり》』で舞台に復帰したが、哀しいことに呂律《ろれつ》が回らない。脚本のまずさもあって、能を模したつもりの足取りが「看護婦附添で病院の構内《かまえうち》を散歩する趣があって、真面目の評は出来かねます」（三木竹二・伊原青々園「歌舞伎座合評」、『歌舞伎』第二十五号、明三五・六）と手ひどく揶揄された。

不自由な左半身をかばいながら、せめて大失敗のないように舞台を勤めるのがやっとだった。同じ号の「菊五郎の病症談」と題された記事では、当時の菊五郎の思いがおそらくは正直に吐き出されていて、読むのが少々苦しい。左手で物を置こうとするとソッポへ行ってしまうから、事前によく見当をつけておいて、ポンと音がするくらいに力を入れて置かなくてはならない。ひきだしの穴へ指がうまく入らない。股引をはくにも後ろから抱き上げてもらわないとひっくり返ってしまう。付けひげが片方落っこちていても自分では気がつかない。そういう調子だから、舞台に出ていてもただヒヤヒヤしているばかりでちっとも面白くない。舞台をすませて引っ込んでくるとがっかりくたびれてしまう。

「毎日こうして出ては居るが、ヤッと出て居る始末で、普段舞台の好きな奴が、けんのんで〳〵仕ようがねえんだから、面白くもなんともありゃ仕ない」

「私の体は、腹で『いろはにほへと』、と思えば、手も足も『いろはにほへと』、と其通りに行かなくっちゃ、気の済まない役者に出来て居るのだから、出て居ても自分で不甲斐ないね」

あの菊五郎が、指先をじっと見詰めてため息をついている。

そして発作からちょうど一年後、最後の舞台があの弁天小僧だった。足が思うように動かないので花道の出入りをすべて省いた演出にした。弁天小僧と南郷力丸は花道から登場するのがお決まりだが、回り舞台が回るとすでに二人が板付き（最初から舞台に登場していること）になっている。芝居がすんでいったん退場すると大道具が店の外に変わり、改めて舞台袖への引っ込みになる。「坊主持ち」も危なっかしいので南郷（家橘、後の十五代目羽左衛門）に荷物を持たせたまま引っ込み、とにかくすべて舞台上の直線移動だけでカタをつけた。

続いて白浪五人男の稲瀬川勢揃いの場。もちろん花道の登場はカットされ、浅黄幕が振り落とされると五人が板付きになっている。菊五郎はもはやじっと立ち続けることが難しくなっていて、舞台に立てたつっかい棒に寄りかかって「さてその次は江の島の」のせりふを言った。

と文字で読めばいかにも無残な姿だし、実際そう見えたのでもあろうが、芝居好きの心理としてはいくらか割り引いて考える必要がある。どんなに痛々しい姿であっても「菊五郎をまた見られた」と喜んだ観客も多かったはずだ。と同時に、時間の流れが取り返しのつかないものであることを身にしみて悟った。菊五郎もいずれ消え行く存在であることを今更のように知った。全盛期の菊五郎の声や姿を反芻しながら、目の前の弁天小僧に胸の内でそっと別れを告げた。「舞台で死にたい」というせりふは古今東西役者につきものだが、「舞台で死なせたい」と思うのもまた芝居好きの心理であり真理だ。

さてこれで、子役時代を除けば、菊五郎の役者人生は弁天小僧に始まり弁天小僧で幕を閉じたことになる。冒頭に掲げた弁天小僧の写真には、菊五郎の初めと終わりとがきれいに織り込まれているというわけだ。

「芸のひきだし」という言葉を使った。才能のある役者は、こういう役ならこう、同じ役でもこの場面ならこうと、状況設定や作品全体の文脈に応じて、自分の演技の触感を微妙に変えてみせる。ことさらに腑分けすれば、声のわずかな高低差とか、顔の筋肉の動かし方とか、あるいはちょっとした指先の動きとかいうようなものに還元されるのかもしれない。しかし芸はラッキョみたいなもので、いくら皮をむいて分析していってもし尽くすことがない。役者は、自分だけが知っている芸の秘密を、体の内にいくつもある小さなひきだしに収めておいて、必要に応じてそれを取り出してみせる。たいていは場数を踏むことでひきだしの数が増えていくが、いつまで経ってもまるっきり増えない人だっている。デビューしょっぱなからたくさんひきだしをもっている人もいるし、何かのきっかけで爆発的にひきだしが増える人もいる。「芸のひきだしが多い」のは、「芸域が広い」のとは少し違う。もっと具体的で経験的で緻密なワザのカケラを、ほとんど無意識のうちに蓄え、自由自在に組み合わせては出し入れできるということだ。

五代目尾上菊五郎。この小さくてすばしこい天保生まれの肉体は、芸のひきだしが無数に詰まった薬箪笥のようなものだ。一つひきだしを開けるたびに、蜃気楼のようにその役のイメージが出現する。男、女、そのどちらでもないもの。薬草ならぬ芸の力で、役だけでなくそれを取り囲む世界までもありありと再現してみせる。彼の体の中にはこの世界のすべてがあった。世界にうごめくすべてのものを、まるっとひきだしに収めてしまう、ボルヘス的薬箪笥だ。

なにしろおそろしく細かくて几帳面な人だった。菊五郎が膨大な数のひきだしをもっていた背景には、その細かさ、几帳面さがあったかもしれない。

左様、五代目は芝居道《ししょう》でも有名な凝り性なお人でしたから、書抜《かきぬき》〈個人用の抜粋台本〉

でも衣裳でも、びっくりする程丹念なものでしたよ。衣裳の生地なんぞ、少し込み入った物だと、いちいちそのきれ地を取って、書抜のはじへ貼っといたんですからね。それもご自分のばかりじゃなく、相手役のものまで、克明に取っとくんですから、なみ大抵のことじゃァありません。團十郎《なりたや》さんの「高時」の衣裳を、型の置き具合まで記してあったのを見て、私ァその心掛けに驚いたことがありました。（『松助芸談　舞台八十年』）

だから天才肌に見えてもコツコツと努力を惜しまない人だったのだ、という美しい話ではない。菊五郎はそうしないと気がすまなかったからそうしただけのことだ。日常生活からしてそうだった。舞台ではぞろっぺえな職人や鉄火な悪党を得意にしたが、楽屋や家では角帯を締めてきちんと端座し、煙管《きせる》ひとつにしても置き場所が厳密に決まっていた。

衣裳屋が風呂場へ行くとちょうど菊五郎が入浴していて、上がり口に上草履があった。ところが片方は内向き、片方は外向きでちぐはぐになっていたから、気をきかせてきちんと揃えると、中から菊五郎が声をかけた。

「オイ、気の毒だが旧《もと》の通にしてくんねえ、ナニ、上《あが》る時片ッ方突っ掛けて、片ッ方の足を拭き乍《なが》らクルリと廻って履く方が順が好《い》いからそうしてあるのだ」（『歌舞伎』第十三号、明三四・六）。

息子の六代目梅幸によるおそろしい証言もある。

「好物は杏、そば、麩、隠元豆、等でしたが、一々注文附《つき》なので面倒でした。湯波でも麩でも葱でもきまった寸法に切らして、それが少しでも違うと、すぐに物差しを持って来い、といったのです」(『明治演劇史』)。

あまりに長大で引用するのは気がひけるが、療養中の菊五郎の日課が『歌舞伎』の五ページにわたって細々《こまごま》と報告されている(川尻清潭「反魂香」、第三十四号、明三六・三)。朝九時に目を覚ましてから按摩にかかり、風呂に入って身繕いをし、神仏を拝んで食事をして寝床に入るまでの行動が、目盛りをつけたように毎日寸分違わず決まっている。決まった物が決まった場所に置かれ、決まった用事が決まった手順で粛々と行われる。万事のカドカドがピシリと合っていないとどうにも気持ち悪くて我慢できない。伊原青々園や戸板康二は、神経症的というよりは茶道の心得からきたものだろうと言っているが、やはりこれは神経症的と言わざるを得ないだろう。字面から陰鬱なイメージを想像してはいけない。片方には、出てきただけで舞台がパッと明るく見えるような天性の愛嬌があった。もう片方では、その神経症的部分こそが菊五郎の芸を支えていたフシがある。

どうも彼の目には、世界がごく小さなマス目に分割されて見えていたのではないかという気がしてならない。彼の身体の中にも同じスケールのマス目があって、何かを演じる時には、絵を拡大模写するときのように、一つ一つのマス目を正確にうめていく。普通はそう簡単にはいかないのだが、菊五郎の場合は正確にうめていく。そこにもうひとつの世界が鮮やかにたち現れる。「本物そっくり」を踏み台にして菊五郎は別の世界に飛ぶ。だから『花井お梅』の酔月楼の看板はどうしても右側に節穴がなくてはならなかったし、『戻橋』の橋の板の枚数は、京都の一条戻橋と同じでなくてはならなかった。世界を構成する一つ一つの要素を、ピンセットの先でつまんで並べるようにして自分の手の内の世界、つまりは舞台へと移し替えていく。一ピースがカチリと音をたててうまるたびに、菊五郎の小さなひきだしが一つ増える。こうしてひきだしは無限の増殖を続けていく。歌舞伎座で六代目菊五郎の『鏡獅子』を観たジャン・コクトーは「菊五郎は一人の司祭だ」と言ったが、五代目菊五郎には、もっとダイレクトに世界を手に入れようとする錬金術師の趣がある。明治の歌舞伎にはそういう恐るべき役者がいた。歌舞伎そのものの懐が深かった。

明治三十六年二月十五日。主治医である平河町の橋本博士のうちに年頭の挨拶に行った。さてそ洋食をごちそうになって、うまい菓子をおかわりして、よもやま話に夜をふかした。さてそれではおいとまを、と煙管を煙管筒へ収めようとすると、これが入らない。博士が恐ろしく難しい顔をしてじっと見詰めている。ハッとすると同時に体が右の方へヘタヘタと崩れ、横の者に体を抱えられた。二度目の発作だった。駆けつけた栄三郎の右手の人差し指と中指を堅く握ったまま、新富町の家へ担架で運ばれたが、そのまま意識不明が続いた。十七日には水も自力で飲み込むことができなくなった。今からすれば乱暴きわまるやり方だが、ゴム管を鼻から胃へ通して、牛乳五〇〇グラムを注入した。菊五郎は意識のないまま手足をもがいて苦悶したという。

十八日朝、六時二十一分に永眠。六十歳だった。六年前に早世した息子の菊之助とまったく同じあつらえの棺に水色の裃《かみしも》で納められた。戒名は「盛香院探玄清寿梅阿弥陀仏」。辞世の「散る梅に見上《みあ》ぐる空の月清し」には、梅幸の梅、それに本名の清《きよし》が詠み込まれている。『上野戦争』に登場した北白川宮能久親王の兄にあたる小松宮彰仁親王が、たまたま同じ日に薨去《こうきょ》した。号外が出て、同じ紙面に菊五郎の死も報じられた。葬儀の日には歌舞伎座前の酒屋が「寺島君葬送につき清酒接待」と張り出して樽酒をふるまった。映画会社のさきがけである吉沢商店が葬列を活動写真に収め、『音羽家葬儀行列実況』『五代目菊五郎葬儀実況』として京都と東京で公開した。亀戸の焼場ではわざわざ紫の幕を新調して張りめぐらし、菊五郎の棺を迎えた。それを聞いて遺族が代金を払おうとしたら、「金を貰うくらいならこしらえはしない」とキッパリ断られた。名人上手は多くとも、これほど明るく愛されて送られた役者は少ないのではなかろうか。

團十郎は築地の自宅前で葬列を見送った。葬列が行ってしまうと感慨無量の面持ちで家に入り、やおら皆を顧みて「おれが死んだら、棺脇には升蔵、新十郎、染五郎、栗三郎、團五郎、幸升が附くように……ほかにも門弟はあるが、この六人は皆子飼《こがい》からの弟子だから……」と言った（『九世團十郎を語る』）。

すぐさま劇界の長老として采配をふるい、菊五郎の三人の息子たちに梅幸、菊五郎、栄三郎の名跡を襲名させた。「己《おれ》もあすが日死ぬかも知れねえから、両人《ふたり》の小供《こども》〈菊五郎十七歳、栄三郎十六歳〉の手を、両手で引張って舞台へ出て、口上を云ってやる」（『歌舞伎』第三十四号、明三六・三）という言葉に真情があふれている。襲名披露の口上では「老年病後の團十郎、片腕をもがれた心地、悲歎堪え難《がた》のう御座ります」と悲痛な言葉で菊五郎を悼んだ。「後を追うように」とはまさにこういうことを言うのだろう、その年の九月十三日に茅ヶ崎の別荘で亡くなった。

キワモノ歌舞伎が終わり、明治の歌舞伎が終わった。誰もがわかっていたことだったが、誰もが現実を前にして立ち尽くした。それでも歌舞伎は続いていく。棺のそばには團十郎の高弟染五郎（後の七代目松本幸四郎）がいた。菊五郎の子の六代目梅幸がいて、菊五郎の甥の十五代目市村羽左衛門がいた。彼らによる大正の歌舞伎が、間もなく幕を明けようとしている。

参考文献

『尾上菊五郎自伝』　時事新報社　明治三十六年
山岸荷葉編『五世尾上菊五郎』　文学堂　明治三十六年
伊坂梅雪編『五代目菊五郎自伝』　先進社　昭和四年
安部豊編『五世尾上菊五郎』　五世尾上菊五郎刊行会　昭和十年
近世文芸研究叢書『舞台之團十郎／五世尾上菊五郎』　クレス出版　平成九年
『黙阿弥全集』　春陽堂　大正十三年〜十五年
『歌舞伎新報』
『歌舞伎』
『演芸画報』
田村成義編『続々歌舞伎年代記　乾巻』　市村座　大正十一年
六二総連編『六二連　俳優評判記』　日本芸術文化振興会　平成十四年〜十七年
岡本綺堂『明治劇談　ランプの下にて』　岩波文庫　平成五年
〈第一章〉
篠田鉱造『明治百話（下）』　岩波文庫　平成八年
石井研堂『増訂　明治事物起原』　春陽堂　大正十五年
岡本綺堂「明治以後の黙阿弥翁」『綺堂随筆　江戸のことば』　河出文庫　平成十五年
伊原敏郎『明治演劇史』　早稲田大学出版部　昭和八年
木下直之・吉見俊哉編『ニュースの誕生　かわら版と新聞錦絵の情報世界』　東京大学総合研究博物館　平成十一年

坪内逍遥『当世書生気質』　岩波文庫　平成十八年
高畠藍泉『怪化百物語』『新日本古典文学大系明治編　開化風俗誌集』　岩波書店　平成十六年
斎藤光編『近代日本のセクシュアリティ　第一巻　通俗性欲学以前』　ゆまに書房　平成十八年
昭和三十五年八月新橋演舞場八月大歌舞伎公演筋書
鶯亭金升『明治のおもかげ』　岩波文庫　平成十二年
岡本綺堂「温泉雑記」『岡本綺堂随筆集』　岩波文庫　平成十九年
河竹繁俊『河竹黙阿弥』『近世文芸研究叢書　第二期芸能篇十七』　クレス出版　平成九年
三遊亭円朝『真景累ヶ淵』『新日本古典文学大系明治編　落語怪談咄集』　岩波書店　平成十八年
延広真治「三遊亭円朝『真景累ヶ淵』」『国文学　解釈と教材の研究』　平成四年八月
一竿齋宝洲『神経闇開化怪談』　国文学研究資料館　平成十七年
三浦正雄「神経病としての怪談――日本近現代怪談文学史（一）」『埼玉学園大学紀要　人間学部篇
　第七号』　平成十九年十二月
〈第二章〉
仮名垣魯文『高橋阿伝夜叉譚』　国文学研究資料館　平成十八年
野崎左文「『高橋阿伝夜叉譚』と魯文翁」『明治文学名著全集　第五篇　高橋阿伝夜叉譚』　東京堂
　大正十五年
山田風太郎「妖恋高橋お伝」『警視庁草紙　下』　河出文庫　平成六年
篠田鉱造『明治百話（上）』　岩波文庫　平成八年
横瀬夜雨『太政官時代』　明徳出版社　昭和四年
篠田鉱造『明治開化綺談』　角川選書　昭和五十年
篠田鉱造『幕末明治　女百話（下）』　岩波文庫　平成九年

依田学海著・学海余滴研究会編『学海余滴』　笠間書院　平成十八年
渡辺保『黙阿弥の明治維新』　新潮社　平成九年
邦枝完二編『松助芸談　舞台八十年』　大森書房　昭和三年
「国芳　暁斎　なんでもこいッ展だィ！」図録　東京ステーションギャラリー　平成十六年
『暁斎』第八八号　財団法人河鍋暁斎記念美術館　平成十七年八月
『日本近代思想大系　十六　文体』　岩波書店　平成元年
平林たい子「花井お梅」『平林たい子毒婦小説集』　講談社文芸文庫　平成十八年
佐藤盈三編『花井梅女公判傍聴筆記』　精文堂　明治二十年
浅井政光編『花井お梅懺悔譚』　国益新聞社　明治三十六年

〈第三章〉

饗庭篁村『明治文学名著全集　第十一篇　竹の屋劇評集』　東京堂　昭和二年
学海日録研究会編『學海日録』　岩波書店　平成二年～五年
依田学海『談叢』『依田学海』作品刊行会編・発行『依田学海作品集』　平成六年
阿久根巌『サーカスの歴史　見世物小屋から近代サーカスへ』　西田書店　昭和五十二年
斎藤月岑『増訂武江年表』　平凡社東洋文庫　昭和四十三年
三木竹二『観劇偶評』　岩波文庫　平成十六年
F. Cappa e P. Gelli, *Dizionario dello Spettacolo del '900*. Baldini & Castoldi Dalai, 1998.
宮沢賢治『文語詩稿　一百篇』『【新】校本　宮澤賢治全集　第七巻』　筑摩書房　平成八年
蘆原英了『サーカス研究』　新宿書房　昭和五十九年
池田辰五郎述・堀内敬三記「民間吹奏楽の創建秘史」『音楽之友』　昭和十七年六月
東京都編集・発行『上野動物園百年史』　昭和五十七年

『式部職　軽気球天覧録』　宮内庁書陵部蔵　明治二十三年
橋本周延「上野公園風船之図」　明治二十三年頃　日本芸術文化振興会蔵
遠藤元男編『江戸東京風俗誌』　至文堂　昭和三十八年
豊原国周・橋本周延「歌舞伎座浄瑠璃狂言　上野公園博物館の場」　明治二十四年　早稲田大学演劇博物館蔵
『風俗画報』第二四号　東陽堂　明治二十四年一月
中村岳陵「気球揚る」　昭和二十五年　東京国立近代美術館蔵
小山内薫「劇場茶話」『新演芸』　大正九年三月
『新日本古典文学大系明治編　河竹黙阿弥集』　岩波書店　平成十三年
尾上菊三郎「五代目菊五郎の英語演説」『新演芸』　大正十年六月
今泉秀太郎述・福井順作記『一瓢雑話』　誠之堂　明治三十四年
倉田喜弘編『明治の演芸』　国立劇場調査養成部芸能調査室　昭和五十五年〜六十二年
柳家つばめ『創作落語論』　三一書房　昭和四十七年
斎藤茂吉「三筋町界隈」『斎藤茂吉随筆集』　岩波文庫　昭和六十一年
飯島満・埋忠美沙「東京文化財研究所芸能部所蔵　五代目尾上菊五郎舞台扮装写真」『芸能の科学三三』　東京文化財研究所　平成十八年

〈第四章〉

鏑木清方『明治の東京』　岩波文庫　平成元年
森鷗外「能久親王事蹟」『鷗外全集　第三巻』　岩波書店　昭和四十七年
吉村昭『彰義隊』　朝日新聞出版　平成十七年
岡本綺堂「四十余年前」『綺堂随筆　江戸っ子の身の上』　河出文庫　平成十五年

国立劇場芸能調査室編『明治の演芸（五）』　国立劇場　昭和五十九年
浮世仙人『大新作諸芸競』　柏原奎文堂　明治二十七年
倉田喜弘『芝居小屋と寄席の近代　「遊芸」から「文化」へ』　岩波書店　平成十八年
倉田喜弘『近代劇のあけぼの』　毎日新聞社　昭和五十六年
吉川義雄「新派劇――新派の芸風」　雲の会編『演劇の様式』　河出書房　昭和二十六年
『新日本古典文学大系明治編　和歌　俳句　歌謡　音曲集』　岩波書店　平成十五年
河内清八編・発行『日清戦争狂言筋書』　明治二十七年
松本伸子『明治演劇論史』　演劇出版社　昭和五十五年
兵藤裕巳『演じられた近代　「国民」の身体とパフォーマンス』　岩波書店　平成十七年
鄭洲生「浅草座所観」『早稲田文学』第七三号　明治二十七年十月
市川三升『九世團十郎を語る』　推古書院　昭和二十五年
『日本戯曲全集　第三二巻　河竹新七及竹柴其水集』　春陽堂　昭和四年
萩原朔太郎「日清戦争異聞（原田重吉の夢）」　清岡卓行編『猫町　他十七篇』　岩波文庫　平成七年

＊新聞記事は本文中に紙名と刊行日を記した。

あとがき

菊五郎も團十郎も、劇界の頂点に安閑と腰かけていたわけではない。自分の体を張って明治という時代と格闘した。それは当時の文学者や美術家となんら変わらない。團十郎の活歴がそうであったように、菊五郎のキワモノ歌舞伎もその一つの証左だった。なるほど時代を超えて再演され感動を呼ぶ名作とはいかないが、キワモノはその季節、その場所でしか生きられない希少生物のようなものである。「時代を超えられない」といってクサすのは、ちとお門違いではあるまいか。多くのお客に足を運ばせ、財布の中から木戸銭を払わせ、夢見心地で家に帰した。芸能としてはそれでひとまず大成功だ。

なにしろ明治の歌舞伎は遠い。歌舞伎にまつわるイメージは、江戸時代と現代とがわれわれの頭の中で多かれ少なかれ直結してしまっている。中間にあったはずの明治時代の歌舞伎については、そもそもそういうものがあったという意識からしてすっぽり抜け落ちている。いま『直侍』（明治十四年）や『め組の喧嘩』（明治二十三年）を観てわれわれが「江戸っぽい」と感じるものが、実は江戸を懐かしむ明治人の立場から用意された懐古趣味であることにも気がつかない。作品そのものに今でも直接触れることのできる文学や美術ならまだしも、明治の歌舞伎はまことに茫漠とした「歴史のようなもの」、いまだ誰によっても明らかには語られぬものとして、われわれの前にひっそりとある。だからこそ。
キワモノをアタマから過去の遺物として片付けてしまうのはあまりに惜しい。第一われわれがどれだけキワモノ歌舞伎のことを知っているというのだろう？　それに楽しげなざわめきが聞こえてくれば、ちょいとのぞいてみたくなるのが人情というものだ。

　そもそもは菊五郎よりもキワモノへの興味だった。明治の歌舞伎についていくつか論文めいたものを書く過程で、台本や当時の劇評、新聞・雑誌を読み、錦絵や写真を見た。決まって目のいくのはヘンテコなキワモノの数々だった。そのヘンテコぶりに瞠目すると同時に、それらがほとんど先行研究に登場してこないのを不思議に思った。たまに出てきても、さもついでといわんばかりにタイトルがちょこんと挙げてあるだけ。これだけヘンテコなものたちが、なぜこうも無視されているのか？　もったいない、いやもったいないというよりも、「浮かばれない」という言葉がぴったりくる。浮かばれないものはきちんと成仏させてあげなくてはならない。

　キワモノを追いかけるうち、五代目菊五郎に行き当たった。なにしろどのキワモノを見ても菊五郎が主演なのだからしかたがない。ご多分にもれず、五代目菊五郎といえばまず『髪結新三』、『加賀鳶』あたりの「イキでイナセ」なイメージをもっていた。続いて『義経千本桜』の佐藤忠信や、『忠臣蔵』の戸無瀬《となせ》の蠱惑《こわく》的な扮装写真を思い出した。時代・世話、立役・女形のすべてに長じた明治の名優。その菊五郎が演じ続けたキワモノとは、一体どんなものだったのか。キワモノにこれほど執心した菊五郎とはどんな人だったのか——。

というようなことを、しゃちこばった学術論文ではなく、少し違った形で書いてみたい、読んでもらいたい、と思った。このおぼつかない妄想を形にしてくださったのが白水社の芝山博さんと阿部唯史さんである。ともすればひとりよがりに流されそうになる筆者を文字どおり鞭撻してくださった芝山さん、テキパキと作業をリードしてくださった阿部さんに心から感謝の意を表したい。また第三章、第四章はかつて時事通信社『世界週報』に連載された文章に大幅に加筆したものであり、連載時には当時編集長の西澤豊さん、編集部の中根圭代さんに大変お世話になった。あわせて、所蔵資料の閲覧・掲載にご協力くださった方々ならびに各機関、そしてあたたかい励ましの言葉をくださった池内紀先生、快く推薦文をお引き受けくださった橋本治さんをはじめ、多くの方々に厚く御礼を申し上げる。

学術文庫版あとがき

白水社版旧著のあとがきに書いたように、お堅い学術書ではなくあくまでも一般向けの読み物にしたかった。お勤めの後に駅ビルの本屋さんでちょっと新刊の棚を眺めて帰るような人に、「歌舞伎のことはよく知らないけどおもしろそう」と手に取ってもらえる、そんな本を書きたかった。だから少しでも読みやすくしたいと思って、論文や研究書には必ず付ける注をあえて付けなかったし、出典の記載も最小限にとどめた。

ところが思いがけずサントリー学芸賞を頂戴した。もちろん身に余る光栄だったが、自分では一般書のつもりだったから「学芸」という名にいささか気がひけた。しかし「まるで一夜の『芝居』を見るがごとくだ」「読んで楽しい研究書という離れ業を演じて見事」という選評を拝読して、学芸も芸のうち、「学」はともかく「芸」の方を褒めていただいたのだ、と改めてありがたく思うことにした。

それがこのたびは「学術文庫」の仲間入りをさせてもらえることになった。「学術」の看板に気後れするのは当時とちっとも変わらない。学生時代から難しいことをたくさん教わってきた青い背のラインナップに加えていただけるのはまことに畏れ多い。しかし文章を書く以上は、少しでも多くの人に読んでもらいたい。だから自分の書いた本が新たな装いで世に出ることが、うれしくてしょうがないのである。

旧著の刊行が二〇〇九年。「十六年はひと昔」（『熊谷陣屋』）で、その間に近代の歌舞伎に関する研究も進んだ。したがって本書が研究書ならば細かく書き加えるべき情報もあるのだろうが、やっぱり読み物として楽しんでもらいたいという気持ちは今も変わらないので、あえて字句の誤り等を修正するにとどめた。なまじいに現代の話題を取り入れて今では少し古臭くなってしまったところもそのままにした。

ただしぜひとも付け加えておかなくてはならないのは、「スペンサーの風船乗り」の紙人形のくだりで演奏された音楽の楽譜が発見されたことである。二〇二二年にこれをご教示くださったのは当時国立劇場で邦楽公演の企画制作を担当されていた石橋幹己《みきお》さん。『音楽雑誌』第五号（明治二十四年一月、音楽雑誌社）二十一ページに、「人形踊 岸沢式佐原作 西岡長平製譜」と題して、楽しげな旋律が五線譜で掲載されている。以下に記事の全文を掲げておく。

●歌舞伎座の新曲　本月八日より幕あきの歌舞伎座演劇の幕内へ、尾上菊五郎の「スペンサー」風船乗の一幕を入れ、其《その》風船に充《みた》す真似する水素瓦斯《がす》を紙製の人形に注《そそ》ぎ込み、数々見物の中に飛《とば》すうち、菊五郎も其《その》大人形となりて、岸澤連〈常磐津〉の三味線と市中音楽隊の吹奏楽と合奏の囃《はや》しにて踊る。此囃の原作は岸澤式佐にて、其曲を楽譜に製したるは西岡氏なり。同座は総《すべ》てよく新仕《しんし》組《くみ》には乙を取らずとは常に聞く処なるが、今又劇曲《しばいのきょく》を楽譜に製して用ゆるとは結好《けっこう》の一事。これにてこそ日本の芝居が外国《とつくに》人《びと》にも解《わか》る。楽譜の効用《はたらきげ》実に大なり。楽譜を読め、楽譜を習へ、楽譜は音楽の文字なり。兎に角茲《ここ》に記して後日の紀念に

尾上菊之助さんには帯に素敵なコメントをいただいた。新型コロナウィルスが猛威を振るい、各劇場が苦しい興行を続けている頃、菊之助さんとお話させていただく機会があった。話の途中、菊之助さんはしばらく沈黙した後で、「どうしたらお客様は歌舞伎に目を向けてくださるんでしょう？」とまっすぐこちらに視線を投げられた。あまりに率直で真摯な問いかけに、気の利いた返答一つできず、ただ胸が熱くなってうつむいた。最前線で体を張って戦い続けている役者さんが、「歌舞伎はどうやって生き続けるか」という正解のない難題に真剣に立ち向かっている。そのことが心から頼もしかった。

芸は生身の人間から人間へと注意深く手渡しされ、そうしながら少しずつ形を変えていく。古典と名の付くものの魅力をいまこの時に体現するのも、時代にぴったり寄り添った大胆な新作の試みも、芸を受け取った者に課される大仕事であって、百数十年前にそれを見事に成し遂げた一人が五代目菊五郎だった。

そして菊之助さんは五代目菊五郎の孫の孫、すなわち玄孫《やしゃご》に当たられる。その菊之助さんが八代目として菊五郎の名をお継ぎになる、まさにそのタイミングで本書は刊行されることになった。つまりはとうとうこの本自体がキワモノになりおおせたという次第。本書をきっ

かけに歌舞伎に興味をもってくだされば、こんなにうれしいことはない。興味をもった方にはぜひ劇場に足を運んで生の歌舞伎を見ていただきたい。さらに願わくは、歌舞伎を手渡しで受け継いできた人々に思いを馳せつつ、末永く歌舞伎を贔屓にしていただきたい。

刊行まで懇切丁寧に面倒をみてくださった編集の原田美和子さんには心より感謝を申し上げる。また文庫化をご快諾くださった白水社の皆様、所蔵資料の掲載をお許しいただいた各機関に御礼を申し上げる。

二〇二五年四月

矢内賢二

KODANSHA

本書は『空飛ぶ五代目菊五郎　明治キワモノ歌舞伎』（二〇〇九年四月刊行　白水社）を改題したものです。

本書に掲載された資料や文献の中には、現在では差別的とされる表現も含まれていますが、明治時代の資料検証という本書の目的、また、差別を助長する意図はないという点を踏まえ、資料文書のまま掲載しております。

矢内賢二（やない　けんじ）
1970年生まれ。東京大学文学部卒業，同大学大学院人文社会系研究科博士課程単位取得退学。博士（文学）。明治大学教授。専門は日本芸能史。著書に『明治の歌舞伎と出版メディア』『ちゃぶ台返しの歌舞伎入門』，編著に『明治，このフシギな時代』など。2009年，本書で第31回サントリー学芸賞受賞。

講談社学術文庫

定価はカバーに表示してあります。

明治《めいじ》キワモノ歌舞伎《かぶき》
五代目尾上菊五郎《ごだいめおのえきくごろう》の時代《じだい》

矢内賢二《やないけんじ》

2025年５月13日　第１刷発行

発行者　篠木和久
発行所　株式会社講談社
東京都文京区音羽 2-12-21 〒112-8001
電話　編集（03）5395-3512
販売（03）5395-5817
業務（03）5395-3615
装　幀　蟹江征治
印　刷　株式会社ＫＰＳプロダクツ
製　本　株式会社国宝社
本文データ制作　講談社デジタル製作

ISBN978-4-06-539735-0

「講談社学術文庫」の刊行に当たって

これは、学術をポケットに入れることをモットーとして生まれた文庫である。学術は少年の心を養い、成年の心を満たす。その学術がポケットにはいる形で、万人のものになることは、生涯教育をうたう現代の理想である。

こうした考え方は、学術を巨大な城のように見る世間の常識に反するかもしれない。また、一部の人たちからは、学術の権威をおとすものと非難されるかもしれない。しかし、それはいずれも学術の新しい在り方を解しないものといわざるをえない。

学術は、まず魔術への挑戦から始まった。やがて、いわゆる常識をつぎつぎに改めていった。学術の権威は、幾百年、幾千年にわたる、苦しい戦いの成果である。こうしてきずきあげられた城が、一見して近づきがたいものにうつるのは、そのためである。しかし、学術の権威を、その形の上だけで判断してはならない。その生成のあとをかえりみれば、その根は常に人々の生活の中にあった。学術が大きな力たりうるのはそのためであって、生活をはなれた学術は、どこにもない。

開かれた社会といわれる現代にとって、これはまったく自明である。生活と学術との間に、もし距離があるとすれば、何をおいてもこれを埋めねばならない。もしこの距離が形の上の迷信からきているとすれば、その迷信をうち破らねばならぬ。

学術文庫は、内外の迷信を打破し、学術のために新しい天地をひらく意図をもって生まれた。文庫という小さい形と、学術という壮大な城とが、完全に両立するためには、なおいくらかの時を必要とするであろう。しかし、学術をポケットにした社会が、人間の生活にとってより豊かな社会であることは、たしかである。そうした社会の実現のために、文庫の世界に新しいジャンルを加えることができれば幸いである。

一九七六年六月　　　野間省一

日本人論・日本文化論

22
梅原　猛著
日本文化論
〈力〉を原理とする西欧文明のゆきづまりに代わる新しい原理はなにか？〈慈悲〉と〈和〉の仏教精神こそが未来の世界文明を創造していく原理になるとして、仏教の見なおしの要を説く独創的な文化論。

48
山本七平著
比較文化論の試み
日本文化の再生はどうすれば可能か。それには自己の文化を相対化して再把握するしかないとする著者が、さまざまな具体例を通して、日本人のものの見方と伝統の特性を解明したユニークな比較文化論。

51
加藤周一著
日本人とは何か
現代日本の代表的知性が、一九六〇年前後に執筆した日本人論八篇を収録。伝統と近代化・天皇制・知識人を論じて、日本人とは何かを問い、精神的開国の要を説いて将来の行くべき方向を示唆する必読の書。

76・77
内藤湖南《こなん》著（解説・桑原武夫）
日本文化史研究（上）（下）
日本文化は、中国文化圏の中にあって、中国文化の強い影響を受けながらも、日本独自の文化を形成してきた。著者はそれを深い学識と日中の歴史事実とを通して解明した。卓見あふれる日本文化論の名著。

278
山本七平著
日本人の人生観
日本人は依然として、画一化された生涯をめざす傾向からぬけ出せないでいる。本書は、我々を無意識の内に拘束している日本人の伝統的な人生観を再把握し、新しい生き方への出発点を教示した注目の書。

1386
小池喜明著
葉隠《はがくれ》　武士と「奉公」
泰平の世における武士の存在を問い直した書。「葉隠」は武士の心得について、元佐賀鍋島藩士山本常朝の語りをまとめたもの。儒教思想を否定し、武士の奉公は主君への忠誠と献身の態度で尽くすことと主張した。

《講談社学術文庫　既刊より》

日本人論・日本文化論

1562
果てしなく美しい日本
ドナルド・キーン著／足立　康訳

若き日の著者が瑞々しい感覚で描く日本の姿。緑あふれ、伝統の息づく日本に思いを寄せて描き出した昭和三十年代の日本。時代が大きく変化しても依然として変わらない日本文化の本質を見つめ、見事に剔り出す。

1708
菊と刀　日本文化の型
R・ベネディクト著／長谷川松治訳

菊の優美と刀の殺伐——。日本人の精神生活と文化を通し、その行動の根底にある独特な思考と気質を抉剔する、不朽の日本論。「恥の文化」を鋭く分析し、日本人とは何者なのかを鮮やかに描き出した古典的名著。

1816
「縮み」志向の日本人
李御寧《イーオリョン》著（解説・高階秀爾）

小さいものに美を認め、あらゆるものを「縮める」ところに日本文化の特徴がある。入れ子型、扇子型、折詰め弁当型、能面型など「縮み」の類型に拠って日本文化を分析、「日本人論中の最高傑作」と言われる名著。

1990
「日本人論」再考
船曳建夫著

明治以降、夥しい数の日本人論が刊行されてきた。『武士道』『菊と刀』『「甘え」の構造』などの本はなぜ書かれ、読まれ、好評を博すのか。２０００超の日本人論の構造を剔出し、近代日本人の「不安」の在処を探る。電P

2012
武士道
相良　亨著

侍とはいかなる精神構造を持っていたのか？　主従とは、死とは、名と恥とは……『葉隠』『甲陽軍鑑』『武道初心集』『山鹿語類』など武士道にかかわる書を読み解き、日本人の死生観を明らかにした、日本思想史研究の名作。電P

2078
百代《はくたい》の過客　日記にみる日本人
ドナルド・キーン著／金関寿夫訳

日本人にとって日記とはなにか？　八十編におよぶ日記文学作品の精緻な読解を通し、千年におよぶ日本人像を活写。日本文学の系譜が日記文学にあることを看破し、その独自性と豊かさを探究した不朽の名著！

日本人論・日本文化論

2106
ドナルド・キーン著／金関寿夫訳
百代《はくたい》の過客〈続〉 日記に見る日本人
西洋との鮮烈な邂逅で幕を開けた日本の近代。諭吉、鷗外、漱石、子規、啄木、蘆花、荷風――。幕末・明治に有名無名の人々が遺した三十二篇の日記に描かれる近代日本の光と陰。日記にみる日本人論・近代篇。
電P

2167
鷲田清一著（解説・佐々木幹郎）
京都の平熱 哲学者の都市案内
〈聖〉〈性〉〈学〉〈遊〉が入れ子となって都市の記憶を溜めこんだ路線、京都市バス二〇六番に乗った哲学者の視線は、生まれ育った街の陰と襞を追う――。「あっち」の世界への孔がいっぱいの「きょうと」のからくり。
電P

2219
多田道太郎著
しぐさの日本文化
しぐさは個人の心理の内奥をのぞかせるものであると同時に、社会に共有され、伝承される文化でもある。あいづち・しゃがむといった日本人の日常のしぐさの文化的な意味をさぐる。加藤典洋との解説対談も収録。
電P

2222
志賀重昂著
新装版 **日本風景論**
本書は日本地理学の嚆矢の書にして、明治の大ベストセラーである。科学的・実証的な論述、古典の豊富な引用、名手による挿絵を豊富に収録。日本人の景観意識に大変革を与えた記念碑的作品はいまなお新しい。
電

2253
岡倉天心著／夏野 広訳（解説・色川大吉）
英文収録 **日本の覚醒**
日露戦争中の一九〇四年に本名 Okakura-Kakuzo 著として英語で著され、NYで出版された日本論。西欧近代文明を疑い、近代を超える原理の提示を試みる。天心の偉才を伝える香り高い翻訳と英文本文を併せて収録。
電P

2301
柳 宗悦著
手仕事の日本
とくと考えたことがあるだろうか、今も日本が素晴らしい手仕事の国であるということを。民衆の素朴な美を求めて全国各地の日用品を調査・収集した柳の目が選び取った美しさとは。自然と歴史、伝統の再発見。
電P

日本人論・日本文化論

2392
神野志隆光著
「日本」国号の由来と歴史
「日出づる処の天子」の意味は？　「倭」「やまと」と「日本」の関係は？　平安時代から宣長を経て近代まで、「日本」の誕生とその変奏の歴史を厳密な史料読解で示す。新出資料「祢軍墓誌」についての補論も収録。

電P

2405
アレックス・カー著
犬と鬼　知られざる日本の肖像
日本は一九九〇年代、バブル崩壊を引き金に本質的に失敗した。経済、環境、人口、教育……。慢性的かつ長期的な問題を抱えるこの国の行き先は？　日本をこよなく愛するVISIT　JAPAN大使が警告する。

電P

2538
中橋孝博著
日本人の起源　人類誕生から縄文・弥生へ
日本列島の旧石器時代はいつからか？　縄文から弥生への移行の真相は？　明治以来の大論争を、古人類学の第一人者が最新人類学の到達点から一望検証。何がどこまでわかり、残される謎は何か、明快に解説する。

電P

2576
鈴木克美著
金魚と日本人
十六世紀初頭、中国からやってきた小さな黄金色の魚が、江戸時代に大ブームを巻き起こす！　日本初の金魚論文や図版などの稀少史料をもとに、なぜ日本人がこれほど金魚好きか考察。「金魚学」の決定版！

電P

2618
熊倉功夫著
日本料理文化史　懐石を中心に
「懐石」と「会席」は何が違うのか。利休の「一汁二菜」「一汁三菜」はなぜ正統となったのか。和の食、その精髄たる懐石料理の誕生から完成、後世への継承の歴史に日本文化のエッセンスを見出す論考。

電P

2644
神崎宣武著
日本人の原風景　風土と信心とたつきの道
山と森林の列島に棲む日本人。その恵みの何を利用し、何を畏れ、人生の節目にどう生かしてきたのか。近世から高度成長期を経て、見失われた日本人の暮らしと人生の豊穣の意味を探る。

電P

文学・芸術

1485
ドナルド・キーン著／吉田健一・松宮史朗訳
能・文楽・歌舞伎
日本の伝統芸能の歴史と魅力をあますず語る。少年期に演劇の擒になって以来、七十年。日本人以上に日本文化に通暁する著者が、能・文楽・歌舞伎について、そのすばらしさと醍醐味とを存分に語る待望の書。

1499
清水　勲著
ビゴーが見た日本人
諷刺画に描かれた明治
在留フランス人画家が描く百年前の日本の姿。文明開化の嵐の中で、急激に変わりゆく社会を戸惑いつつもたくましく生きた明治の人々。愛着と諷刺をこめてビゴーが描いた百点の作品から〈日本人〉の本質を読む。

1560
杉本秀太郎著
平家物語
無常を聴く
『平家』を読む。それはかすかな物の気配に聴き入ることからはじまる――。「無常」なるものと向きあい、ゆれて定まらぬもの、常ならざるものを、不朽の古典をとおして描く、珠玉のエッセイ。大佛次郎賞受賞作。

1569
バーナード・リーチ著／柳　宗悦訳／水尾比呂志補訳
バーナード・リーチ日本絵日記
イギリス人陶芸家の興趣溢れる心の旅日記。独自の美の世界を創造したリーチ。日本各地を巡り、また、濱田庄司・棟方志功らと交遊を重ね、自らの日本観や芸術観を盛り込み綴る日記。味のある素描を多数掲載。

1577
興津《おきつ》　要《かなめ》編（解説・青山忠一）
古典落語
名人芸と伝統――至高の話芸を文庫で再現！　人情の機微、人生の種々相を笑いの中にとらえ、庶民の姿を描き出す言葉の文化遺産・古典落語。「目黒のさんま」「時そば」「寿限無」など、厳選した二十一編を収録。

1605
小林章夫著
イギリス紳士のユーモア
卓抜なユーモアを通して味わう英国人生哲学。山高帽にこうもり傘、悠揚迫らぬ精神から大英帝国を彩るユーモアが生れた。当意即妙、グロテスクなほどブラック、自分を笑う余裕。ユーモアで読む英国流人生哲学。

文学・芸術

2355
復本一郎著
芭蕉の言葉　『去来抄』〈先師評〉を読む

俳聖が求めてやまなかったものとはなにか。芭蕉が句作に即して門人に語り残した言葉の数々から、伝統と新しさの機微がみえてくる……。いまを生きる俳人が古典を読み解く喜びを示し、現代俳句に活を入れる。

電P

2365
吉本隆明著（巻末エッセイ・吉本ばなな／挿画・ハルノ宵子）
なぜ、猫とつきあうのか

幼いころから生活のなかに猫がいて、野良との区別もゆるく日々をともに過ごし、その生も死も幾多見つめてきた思想家は、この生きものに何を思ったのか。猫を、そして暮らしの伴侶を愛するすべてのひとへ。

電P

2372・2373
武石彰夫訳
今昔物語集　本朝世俗篇（上）（下）全現代語訳

全三十一巻、千話以上を集めた日本最大の説話集。そのうち本朝（日本）の世俗説話（巻二十二〜三十一）の読みやすい現代語訳を上下巻に収める。中世への転換期に新しい価値観で激動を生き抜いた人びとの姿。

電P

2375
筒井紘一訳
利休聞き書き「南方録　覚書」全訳注

千利休が確立、大成した茶法を伝える『南方録』は、高弟の南坊宗啓が師からの聞き書きをまとめたものとされる。「覚書」はその巻一であり、茶法の根本を述べる。茶禅一味の「わびの思想」を伝える基本の書。

電P

2379
田河水泡著
滑稽の研究

『のらくろ』の巨匠が米寿に際して発表した書。アリストテレスやカント、万葉集から北斎まで。その眼差しは古今にわたり東西を博捜、実作者ならではの視点で解釈を試み、「滑稽とはなにか」を真摯に探求する。

電P

2411
沖本克己・角田恵理子著
禅語の茶掛を読む辞典

禅の世界観・人間観を凝縮した「禅語」。それを一行の書で表現し、掛軸として茶席をつくりあげる「茶掛」。言葉とともに続け字の読み方、表現の仕組み、見どころなどについて、わかりやすくコンパクトに解説する。

電P

文学・芸術

2412
今橋理子著
江戸の花鳥画 博物学をめぐる文化とその表象
小田野直武、佐竹曙山、そして伊藤若冲。科学と芸術の結節点として花、草、虫、魚、鳥などを描く「博物図譜」に注目、日本美術史研究の風景を一変させた記念碑的著作。サントリー学芸賞・芸術選奨新人賞受賞。

電P

2413
井波律子著
中国侠客列伝
『史記』に躍動する刺客たち、『三国志』『水滸伝』の豪傑。数多の烈女烈婦……。三千年間脈打つ侠の精神の強さとやさしさは人の心を揺さぶる。不正に敢然と立ち向かってゆく人間の姿はやっぱりカッコいい！

電P

2419
上田秋成著／青木正次訳注
新版 雨月物語 全訳注
崇徳院や殺生関白の無念あれば朋友の信義のために命を捨てる武士あり。不実な男への女の思い、現世への執着と愛欲を捨てきれぬ苦しみ。抑えがたい情念は幽冥を越える。鬼才・上田秋成による怪異譚。（全九篇）
電P

2420～2423
杉本圭三郎訳
新版 平家物語 （一）～（四） 全訳注
「おごれる人も久しからず」——。権力を握った平清盛の栄華も束の間、源氏の挙兵により平家一門は都落ち、ついには西海に滅亡する。古代から中世へ、日本史上最も鮮やかな転換期を語る一大叙事詩。（全四巻）
電P

2427
田中仙堂著
岡倉天心「茶の本」をよむ
二〇世紀初頭、日本人の美意識を西洋にアピールした岡倉天心の代表作を、現代茶道の実践家である著者が新たに邦訳し、懇切に解説。〔最終章〕から読むとわかりやすい、世界と向き合う現代人へのエール。

電P

2433
山口桂三郎著
浮世絵の歴史 美人絵・役者絵の世界
浮世絵はどこから生まれ、どう広まったのか。誕生から歌麿・北斎・写楽らによる大衆娯楽としての全盛期、海外流出と美術品としての再評価までの流れを通観した「美術ファン」「江戸ファン」のための本格的入門書。

電P

文化人類学・民俗学

2669
鏡味完二著
日本の地名　付・日本地名小辞典

二〇〇〇万もある我が国の地名は、歴史と民俗の痕跡である。地名の意味、伝播の過程、調査方法を詳細に解説した地名学は、柳田國男をも魅了した。貴重な資料として約一三〇〇項目の「日本地名小辞典」付き。　電P

2676
野本寛一著
言霊《ことだま》の民俗誌

火除け、虫除け、雨乞い、失せ物探し、道中安全、子守歌、祝いと祭り……。日本の津々浦々で古老たちが語り聞かせてくれた、霊力・呪力をもったふしぎなことばの数々。「言霊の幸はふ国」の得がたい貴重な記録。　電P

2681
谷川健一著
埋もれた日本地図

沖縄、紀伊、東北、水俣……。各地の集落を訪ね歩き、連綿と続いてきた庶民の生き方に、優雅さと高貴さと幽玄を見出す。名もなき生者と死者の生きた場所から、現在に連なる精神史を繙く、谷川民俗学の真髄。　電P

2713
鈴木正崇著
女人禁制

なぜそこに立ち入ってはいけないのか。「禁制」はいかなる背景から生まれ、変化する政治や社会の中で受け継がれてきたか。なぜ、人々はそれを守ろうとするのか。賛成／反対、伝統／差別の二分法を乗り越える論考。　電P

2731
俣野敏子著（解説・松島憲一）
そば学大全　日本と世界のソバ食文化

日本の「蕎麦」だけが「ソバ」ではない。フランスのガレット、イタリアのポレンタ、ウクライナのカーシャ、スロベニアのソバ団子、ネパールの腸詰め…。世界のソバを食べ歩いた農学者が、日本そばの可能性を再発見。　電P

2742
郡司すみ著（解説・森重行敏）
世界の音　楽器の歴史と文化

「打楽器を持たない民族はいない」。人は石器時代から、動物の鳴き声や自然音を模倣し、手やモノを叩いて感情を伝えてきた。「楽器」発祥から約二万年。風土や時代とともに変遷を遂げた、様々な「音」の軌跡を辿る！　電P

《講談社学術文庫　既刊より》